ピタリとはまる英語がよくわかる

# ゼロからスタート
# しごとの英会話 CD付

ピッタリ☆フレーズ210

リサ・ヴォート
Lisa Vogt

Jリサーチ出版

## まえがき

### ほんの少しでも
### 仕事場で英語を使うことがある人へ

　ときどきだけど仕事場に外国人から電話がかかってくる…、ときどきだけどホームページについて外国人から問い合わせがある…。「しごとの英会話」はいまや外資系企業・接客業にとどまらず、どんな仕事をしている人にも必要になってきました。

　でも、やみくもに英語フレーズを覚えてもそれを使う状況がわからなければ、いざというときに英語が出てきません。道ばたで外国人に道を尋ねられたりしたら、その体験を人は長く記憶します。本書はそうした実際の体験に近い「具体的な状況」を示すことで、英語表現が覚えやすくなるよう作られています。

**覚えやすい紙面レイアウト**

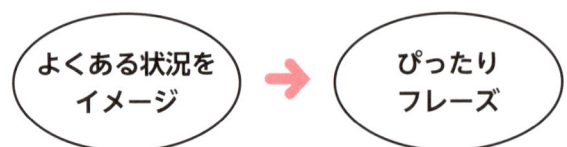

## １日３フレーズから始められる入門書

　仕事場で使う英語というと難解な印象があるかもしれません。でも、実際に使われている英語は、「中学で習う基本的な表現」ばかりです。本書では、まずは「よくある状況」をイメージし、それにぴったりハマる「ぴったりフレーズ」を１日３フレーズずつ覚えていきます。たくさんの英語を覚える必要はありません。就寝前の数分間や、テレビのコマーシャル中で十分です。今日の３フレーズをさっとチェックし、本を閉じてください。たったそれだけでも、70日つづけることができれば完成します。（１日６フレーズやれば35日で完成）

## ＣＤを利用した「耳から学習」も可能

　付属のＣＤには音声が状況説明（日本語）→ぴったりフレーズ（英語）の順で収録されています。はじめに状況を想像するため、その場面にぴったりとハマる英語がすごく覚えやすくなります。
　192ページからは「場面別の単語集」を紹介。ＣＤは日本語→英語→英語（※英語を２回読み）で収録してあります。

リサ・ヴォート

## UNIT 1 あいさつ

- シーン 1　はじめて会うとき …………………… 16
- シーン 2　営業先でのあいさつ ………………… 18
- シーン 3　来客きたり …………………………… 20
- シーン 4　名刺を交換する ……………………… 22
- シーン 5　仕事に関する紹介 …………………… 24
- シーン 6　人を紹介するとき …………………… 26
- シーン 7　別れのあいさつ ……………………… 28

## UNIT 2 電話

- シーン 8　電話を受ける ………………………… 34
- シーン 9　不在を伝える ………………………… 36
- シーン 10　後ほどかけ直してください ………… 38
- シーン 11　別の担当につなげる ………………… 40
- シーン 12　伝言を受ける ………………………… 42
- シーン 13　相手を確認する ……………………… 44
- シーン 14　電話を切るとき ……………………… 46

## UNIT 3 接客

- シーン 15　海外から来客 ………………………… 52
- シーン 16　ゲストの応対する …………………… 54
- シーン 17　習慣のちがい ………………………… 56
- シーン 18　ゲストのショッピング ……………… 58
- シーン 19　海外客から質問を受ける …………… 60
- シーン 20　ゲストが困っているとき …………… 62
- シーン 21　ゲストを歓待する …………………… 64

## UNIT 4 打ち合わせ

- シーン 22　アポを取る …………………………… 70
- シーン 23　アポを変更する ……………………… 72
- シーン 24　打ち合わせ中に ……………………… 74
- シーン 25　打ち合わせ場所を決める …………… 76
- シーン 26　打ち合わせが長引いたとき ………… 78
- シーン 27　秘密を共有するとき ………………… 80
- シーン 28　結論を出すとき ……………………… 82

## UNIT 5 苦情

- シーン 29　苦情の電話を受ける ………………… 88
- シーン 30　責任の所在 …………………………… 90
- シーン 31　相手の怒りを和らげる ……………… 92
- シーン 32　返品を求められる …………………… 94
- シーン 33　苦情を言う …………………………… 96
- シーン 34　ホテルで苦情を伝える ……………… 98
- シーン 35　相手がカンカンに怒っている ……… 100

## UNIT 6 依頼

|  |  |  |
|---|---|---|
| シーン36 | 仕事を依頼する | 106 |
| シーン37 | 依頼を断る | 108 |
| シーン38 | 仕事の段取りをすり合わせる | 110 |
| シーン39 | スケジュールの変更 | 112 |
| シーン40 | 部下に指示を出す | 114 |
| シーン41 | 部下から相談される | 116 |
| シーン42 | 満足できない仕事ぶり | 118 |

## UNIT 7 催促・相談

|  |  |  |
|---|---|---|
| シーン43 | 書類を催促する | 124 |
| シーン44 | 仕事相手から催促される | 126 |
| シーン45 | 取引相手に相談する | 128 |
| シーン46 | 締切に間に合わすために | 130 |
| シーン47 | ミスの原因を調査する | 132 |
| シーン48 | 急に助っ人が必要に | 134 |
| シーン49 | アイデアが出ない | 136 |

## UNIT 8 商談

|  |  |  |
|---|---|---|
| シーン50 | 自社のことを知ってもらう | 142 |
| シーン51 | 製品（商品）を知ってもらう | 144 |
| シーン52 | 商談中の駆け引き | 146 |
| シーン53 | 書類に計算上のミスが | 148 |
| シーン54 | 交渉が成立しそう | 150 |
| シーン55 | 取引条件の要望 | 152 |
| シーン56 | 商談は食事とともに | 154 |

## UNIT 9 会議

|  |  |  |
|---|---|---|
| シーン57 | 会議をはじめる | 160 |
| シーン58 | 会議を進行させる | 162 |
| シーン59 | 賛成か反対か、それとも | 164 |
| シーン60 | 結論がまとまった、割れた | 166 |
| シーン61 | 新しい提案があるとき | 168 |
| シーン62 | まもなく終了時刻に | 170 |
| シーン63 | 質疑応答の時間 | 172 |

## UNIT 10 交渉

|  |  |  |
|---|---|---|
| シーン64 | 交渉開始！ | 178 |
| シーン65 | 論点を切り出す | 180 |
| シーン66 | 難しい要求に対して | 182 |
| シーン67 | 相手のオファーが気に入ったとき | 184 |
| シーン68 | 相手のオファーがいまいち | 186 |
| シーン69 | その場で即答しづらいオファー | 188 |
| シーン70 | 商談がまとまる | 190 |

しごとでよーく使う英単語225 ……… 192

# あなたも話せるようになる
# しごとの英会話 5つのルール

　英語で会話をしようと思ったら、まずよく使われる表現を覚えておく必要があります。ただ、やみくもに覚えようとしても、なかなか記憶に定着してくれるものとは限りません。

　そこで本書では英語を使う必要にせまられた状況をあえて日本語で説明し、「そんな場面が確かにあるな」と読者の方にイメージしていただいた上で、その場面に対応する英語表現を覚えるというスタイルを採用しています。

　大きな構成としては、「あいさつ」「電話」「打合せ」「依頼」「苦情」「催促・相談」「商談」「会議」「交渉」という10の場面があります。それぞれの場面には、イントロダクションとして「まずはここから」と、本編の「ぴったりフレーズ」が掲載されています。すべての英文と日本語訳がCDにも入っていますので、読むだけではなく、耳でも聞いて、その後自分でも口に出して練習しましょう。

　①本番の会話場面を想定する（状況のイメージ）→②ぴったりな英語を覚える（インプット）→③話す練習（アウトプット）が、英会話上達を早める大切な流れです。

　いきなりたくさんの英語表現を覚えるよりも、1日3フレーズから始めてみましょう。これまで学習が長続きしなかった人も、たった3フレーズずつの学習量なら毎日つづけることができるはずです。

## ① 状況をイメージする

　英語表現をたくさん覚えれば覚えるほど、似たような表現をどう使い分けていいのか迷ってしまうことがあるはずです。それは、英語を覚えるときに、どういう場面で使うのかをイメージせずに、やみくもに英文だけを目で追っているからです。勉強することはプラスに働くはずですが、効率面からいうと、それほどいいとは言えませんよね。

　本書では、**最初に使うべきシーンを頭の中に描くことから始めます。**そうすれば、実際に同じような場面に遭遇したとき、一つだけ覚えたぴったりフレーズを頭の引き出しを開けて出せばいいだけになります。

　**小さな子供たちが母国語を学ぶ流れと同じです。**お母さんやお父さんから「こういうときはこう言うんだよ」と教えられる。その繰り返しで状況と適切な言葉をリンクさせていきます。本書の学習の流れもまったく同じ。こういうとき、どう言えばいいか。それを繰り返すだけです。こんなシンプルな勉強でいいのかなあと思われるかもしれませんが、言葉の学習というのはシンプルなんです。言葉を生みだした人がわざわざ暗号のように難解なものを世間に広めようとするわけがありません。言葉は意思疎通の道具なのですから、シンプルでなくてはいけないんです。だから英語も覚え方さえコツをつかめば、想像以上に簡単に覚えられるようになるのです。

　その一つが最初に状況をイメージしておく、ということ。**ＣＤの音声にも状況説明を収録しています。**

## ❷ インプットする

　状況イメージができたら、いよいよそれに対応する英語表現を覚える作業です。
　しごと会話の英語と、日常会話の英語の違いは何か――それは**限られた時間の中でいかにハッキリと相手に伝わる言葉を出せるか**です。
　たとえば電話なら、長々と話すのは、相手の都合を考えていないし（相手はあなたが電話した時間に他にやるべきことがあったかもしれないのに電話にでてくれている）、電話には通信料がかかります（相手からかかってきたときはとくに気にするでしょう）。手短かに話すことが業務上は最低限のマナーでもあります。
　そこが日常会話とはちがうところ。
　さらに、長々と雑談がつづく会議で話を本題に戻す必要がある場面もあるでしょう。そんなときはハッキリとした意見を大勢に放たなければなりません。集団をまとめる統率的な英語表現も、しごと会話では触れておかなければならない点です。
　そうした日常会話との違いも、具体的な「状況イメージ」があるため容易にシチュエーションを想像して適切な英語をインプットできるようになります。

## ③ アウトプットする

　覚えた会話表現を今度は声に出して言ってみましょう。文字を目で追うだけではなく、**音読すると英語力は急速に向上**します。発音はCDのネイティブスピーカーの声が参考になるでしょう。一度口に出して言った言葉は自分の耳にも残ります。また、英語らしい発音を意識すればするほど、日本人の方は**口の筋肉をたくさん使うことになる**はずです。日本語と英語の発音はそれほど口の使い方が違うからです。音読練習を怠らずやることで、いまより滑らかに英語を口にできるようになります。

　そして、本書で紹介した210の状況を実際の仕事場で遭遇することになったら、臆せず実践しましょう。覚えたことを披露する場が増えれば増えるほど、自信がついていくでしょう。

　さいごに、巻末には**仕事場で必須の英単語が掲載**してあります。本編の英文に例で載っている名詞や職業名・肩書きなどは、この単語集にあるものと入れ替えて使うことができるでしょう。ぜひ活用してください。

# 本書の利用法

本書は仕事場での英会話を基礎から学習するために作成された一冊です。働く人だれもが必要になる10のUNIT（場面別）で構成されており、それぞれの場面にイントロダクション（まずはここから）と「今日のぴったりフレーズ」が紹介されています。

## ➡ まずはここから

各UNIT（場面別）の基本知識を身につけましょう。

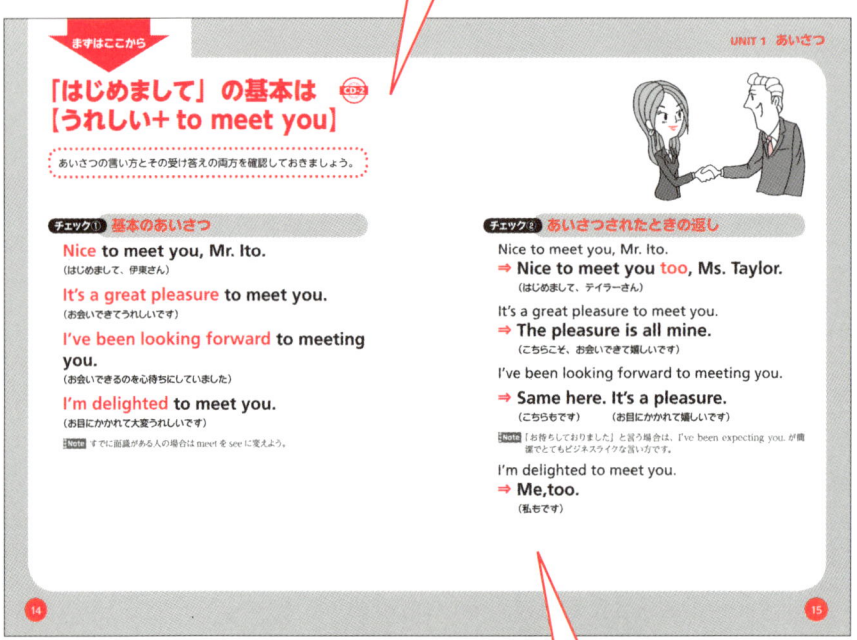

日本人の方が意外に知らない英語の基礎的な考え方や流れ（受け答え方法）をすばやくチェックできます。

# → シーン編

●そのとき君なら何て言う？
仕事場でよくあるシチュエーションが具体的に書かれています。具体的にイメージすることが、本番で英語をパッと思い出す効果を発揮します。各 UNIT に 7 つのシーンがあり、全体では 210 の状況があります。

●今日のぴったりフレーズ
各シーンに 3 つ紹介します。すっきりしたレイアウトで、無理せず 1 日 3 つずつマイペースで学習できます。

**しごと英単語特集**

仕事場では日常英会話では馴染みのない単語が頻出します。オフィスで必須の225語を集めましたので、しっかりチェックしておきましょう。

## CDを活用しましょう

 ※数字はトラック番号を示します。

――――――CDの収録内容――――――

→ **まずはここから**
すべての英文が「日本語訳→英語」の順で収録されています。

→ **シーン編**
すべての英文が「状況説明（日本語）→ぴったりフレーズ（英語）」の順で収録されています。

→ **しごと英単語特集**
日本語→英語→英語（※英語を2回読み）で収録されています。

CDの音源を携帯端末に入れ、耳だけの学習にも対応できるように設計されています。

# UNIT 1
# あいさつ

シーン1　　はじめて会うとき
シーン2　　営業先でのあいさつ
シーン3　　来客きたり
シーン4　　名刺を交換する
シーン5　　仕事に関する紹介
シーン6　　人を紹介するとき
シーン7　　別れのあいさつ

**まずはここから**

# 「はじめまして」の基本は【うれしい＋ to meet you】

あいさつの言い方とその受け答えの両方を確認しておきましょう。

**チェック①　基本のあいさつ**

**Nice to meet you, Mr. Ito.**
（はじめまして、伊東さん）

**It's a great pleasure to meet you.**
（お会いできてうれしいです）

**I've been looking forward to meeting you.**
（お会いできるのを心待ちにしていました）

**I'm delighted to meet you.**
（お目にかかれて大変うれしいです）

> **Note** すでに面識がある人の場合は meet を see に変えよう。

UNIT 1　あいさつ

### チェック② あいさつされたときの返し

Nice to meet you, Mr. Ito.
### ⇒ Nice to meet you too, Ms. Taylor.
（はじめまして、テイラーさん）

It's a great pleasure to meet you.
### ⇒ The pleasure is all mine.
（こちらこそ、お会いできて嬉しいです）

I've been looking forward to meeting you.

### ⇒ Same here. It's a pleasure.
（こちらもです）　　（お目にかかれて嬉しいです）

**Note**　「お待ちしておりました」と言う場合は、I've been expecting you. が簡潔でとてもビジネスライクな言い方です。

I'm delighted to meet you.
### ⇒ Me, too.
（私もです）

## シーン1 はじめて会うとき

> Nice to meet you.

**そのとき君なら何て言う?**

はじめて会う仕事相手。
最初になんて言う？

**ポイント▶** 会えたことがどうなのか（＝嬉しい）を伝える

メールで何度かやりとりしている
相手とはじめて会うことに…

**ポイント▶** メールでしか知らなかった相手と直(じか)に会えた
喜びを伝える

スマートに名刺を渡したい…

**ポイント▶** 決まり文句なので覚えましょう

UNIT 1　あいさつ

 日本の習慣とは違い、いきなり会社名や所属を伝えることはあまりありません。Hi、Hello、Good morning などの後に I'm Lisa Vogt. と名乗りながら握手をします。そのとき目もしっかり合わせてください。

### 今日のぴったりフレーズ

## Hello. **Nice to** meet you.

はじめまして。

 相手が先に Nice to meet you. と言ってくれた場合は、Nice to meet you too. と、too を付けます。

## I'm Ken Okada. **Pleased to** meet you.

岡田健です。よろしくお願いいたします。

 それに対する返しは Pleased to meet you, too.（こちらこそよろしくお願いいたします）。My name is ～よりも I'm ～が主流。

## **Here's** my card.

名刺をどうぞ。

 名刺交換はあいさつの後！　日本のようにいきなり交換するのは珍しいので気をつけましょう。

**シーン2**

# 営業先でのあいさつ

I'm delighted to meet you.

### そのとき君なら何て言う?

はじめての営業先でのあいさつ。
礼儀よく、さらに好印象を残したい…

**ポイント▶** Nice to meet you. より丁寧に言うには

名刺交換のあと、
本題に入る前にスモールトークを…

**ポイント▶** How ～？（～いかがですか?）を使う

相変わらずです、と言葉を返すには…

**ポイント▶** いつもと同じだよ、と言う

UNIT 1　あいさつ

 営業先では印象の良いあいさつをした後、How's 〜 ?（〜はいかがですか?）を使って世間話ができると親しみを感じてもらえるでしょう。

## 今日のぴったりフレーズ

### Hello, **I'm delighted to** meet you.

こんにちは、お会いできてうれしいです。

 この後に Thank you for making the time.（時間を作っていただき、ありがとうございます）と言えると、さらに印象がいいでしょう。

### **How's** business **going**?

仕事の方はいかがですか？

 How's business? だけでも同じ意味で通じます。

### The same **as usual**. How's yours?

相変わらずです。あなたはいかが？

 Very busy, but everything's all right, thank you.（とても忙しいですが、万事順調です）もよく聞く言い方です。

# シーン 3
## 来客きたり

Thank you for coming today.

**そのとき君なら何て言う?**

来客あり。
まず来てくれたことに感謝する

**ポイント ▶** Thank you for 〜 ing が一番わかりやすい

空港でお迎えする場合は…

**ポイント ▶** 英語のあいさつで頻出の have a good 〜を使う

遠い所から来てくれたことを
真っ先に労(ねぎら)いたい。

**ポイント ▶** 感謝といえば thank のほかに appreciate

UNIT 1　あいさつ

 わざわざ会社に足を運んでくれる人には Thank you 〜や We appreciate 〜 で感謝の意を表すのが基本です。

## 今日のぴったりフレーズ

### **Thank you for** coming today.

本日はお越しくださり、ありがとうございます。

 Thank you for 〜や、I really appreciate your 〜のあとには coming や taking など動名詞か名詞が続きます。

### **Did you have** a good flight?

フライトはいかがでしたか？

 How was your flight? も同じく使えます。

### We **appreciate** your making the trip out to see us.

わざわざ私たちに会いにさてくださり、感謝します。

 I hope your flight here was a smooth one. Thank you for coming.（空の旅がスムーズならよいのですが。お越しいただきありがとう）という言い方もできますね。

# シーン 4
## 名刺を交換する

What line of business?

### そのとき君なら何て言う？

相手の名刺がほしいとき、
なんて言えばいい？

**ポイント ▶** Can I have 〜よりも丁寧に

しまった…名刺を切らしてしまった

**ポイント ▶** ガソリンもコピー用紙も切れたら同じ言い方

相手の名刺を見ながら、
どんな仕事なのか尋ねたい

**ポイント ▶** 意外な単語が「職業」の意味を持つ

UNIT 1　あいさつ

 自分が名刺を渡すときは my card でもいいですが、相手に求めるときは business card と言ったほうが丁寧です。

## 今日のぴったりフレーズ

### Could I have your business card?
お名刺を頂戴できますか？

 could は can よりもやや丁寧な意味合いになります。ただ状況によっては、can でも失礼に当たらない場合もありますので覚えておいてください。

### I'm sorry, I've run out of business cards.
すみません、名刺を切らしておりまして。

 欧米の場合、名刺は「人の顔」というイメージがなく、メモ代わりに使われたりすることもあります。そこは文化の違いと割り切りましょう。

### What line of business are you in?
どういった関連のお仕事ですか？

 What kind of ~、What type of ~でも通じますが、line を使う人も多いので覚えておきましょう。

# シーン 5
## 仕事に関する紹介

> I work as an engineer.

> そのとき君なら何て言う?

---

自分が何者かをひとことで伝えたい…

**ポイント ▶** as ＋職業名（冠詞を忘れずに）

---

どのくらいの期間、
仕事をしているかを伝えたい…

**ポイント ▶** 現在も仕事をしている→継続中

---

このプロジェクトを仕切る
担当者であることを伝えたい…

**ポイント ▶** 任されている、と伝える

UNIT 1　あいさつ

 自分の職業を言うときは、I work as ＋職業名．(私は〜です) が使えます。
職業名がない場合は、I work in ＋所属 (私は〜の者です)。

### 今日のぴったりフレーズ

## I **work as** an engineer.
エンジニアをしています。

 職業名がとくにない場合は、I work in the marketing department.（マーケティング部のものです）と所属を伝えてもいいでしょう。

## I **have been** an engineer for 8 years.
8年、この仕事をしています。

 相手に聞くときは、Have you worked here long?（ここには長くお勤めですか?）です。

## I'm **in charge of** this project.
私はこのプロジェクトを担当しています。

 in charge of 〜はあくまでも自分がプロジェクトの「長」であることを示します。単なる担当（スタッフ）なら、I work on this project. と言います。

シーン **6**

# 人を紹介するとき

I want to introduce you to my boss.

## そのとき君なら何て言う?

人を紹介したいと切り出すには…

**ポイント ▶** 「〜を」は to で

上司と取引相手の木村さんを引き合わせたい…

**ポイント ▶** 「こちら」は this で OK

初対面の同行者がいる場合、相手に誰であるかを紹介したい

**ポイント ▶** 名前と一緒に肩書きも伝える

# UNIT 1　あいさつ

 同行者がいるときは必ずその人を紹介します。体は取引相手に向けたまま、同行者に顔だけを向け、This is ～（こちらは～です）と言うのがスマートです。

## 今日のぴったりフレーズ

### **I want to introduce** you **to** my boss.

私の上司を紹介します。

 introduce A to B（AにBを紹介する）というフレーズを覚えておきましょう。

### Mr. Oda, **this is** Ms. Kimura **from** J.J.Shop. Ms. Kimura, **this is** Mr. Oda.

小田部長、こちらはJ.J.Shopの木村さんです。木村さん、こちらが部長の小田です。

 名前だけでなく所属先も伝えるときはfrom ～が便利。電話でHi, this is Rachel from ABC Company calling.（こちらABC社のレイチェルです）も同じようにfromで所属を伝えています。

### This is **our section manager**, Mr. Oda.

当社のセクションマネジャー（部長）の小田です。

 同僚を紹介する場合は「our ＋肩書き」。ourを付けて同じチームであることを示します。

## シーン7 別れのあいさつ

> I was nice meeting you.

### そのとき君なら何て言う?

別れ際のあいさつはなんて言う？

**ポイント ▶** 会えたことがどうだったか伝える

またぜひ会いたいと思ったら…

**ポイント ▶** 望みを伝える hope の出番

お土産をもらった。
何て言ってお礼を言うべき。

**ポイント ▶** そんなことしなくていいのに…というニュアンスをだす

UNIT 1　あいさつ

用件が終わり、引き上げるときも丁寧にあいさつをしましょう。「会えたことがうれしい」「また会いたい」ということが伝われば OK です。

## 今日のぴったりフレーズ

### It was nice meeting you.

お会いできてうれしかったです。

 very を入れて、It was very nice meeting you. と言うこともできます。「私もです」と返事をする場合は You, too! となります。Me, too! ではないのでご注意を。

### I hope to see you again soon.

ぜひまたお会いしたいです。

 I hope ~ . で「~だといいね」という気持ちが伝わります。

### Oh you shouldn't have, but I appreciate the thought.

あら、そんな気をつかっていただかなくても。でもありがたく頂戴するわ。

 他にもこんな表現が使えるでしょう。For me? Thank you so much. I wasn't expecting anything like this. （私に?ありがとうございます。こんなことって思ってもみなかったです）

> しごとの名言①

# *Your time is limited, so don't waste it living someone else's life.*

時間には限りがある。
だから、だれかの人生を生きることに
時間を浪費すべきでない。

by **Steve Jobs**
(スティーブ・ジョブズ：実業家)
*1955–2011*

# UNIT 2
# 電話

シーン8 　電話を受ける
シーン9 　不在を伝える
シーン10　後ほどかけ直してください
シーン11　別の担当につなげる
シーン12　伝言を受ける
シーン13　相手を確認する
シーン14　電話を切るとき

まずはここから

# 【お願いすること+ please】 CD-10

電話の基本は「ゆっくり」「はっきり」話すことです。

### チェック① 電話をかけるときの表現トップ2

**第1位**

## May I speak to Mr. Thompson , please?
（トンプソンさんはいらっしゃいますか?）

> **Note** May I talk to ～? でもよさそうですが、talk to は通常相手が目の前や電話の向こうにいる場合に使い、話したい相手が登場していない段階では speak to を使います。また、電話の speaker（スピーカー）を通して話しているため、speak がベターとされています。

**第2位**

## I'd like to speak to Mr. Thompson, please.
（トンプソンさんをお願いしたいのですが）

> **Note** 第1位は相手にリクエストする言い方、第2位は「～したい」と丁寧に言う言い方です。

# UNIT 2 電話

### チェック② 電話を受けるときの表現トップ2

**第1位**

**Hold on**, please.
（切らずにお待ちください）

**第2位**

Can I have your company name, **please**?
（御社名をいただけますか？）

### チェック③ 留守番電話の表現トップ2

**第1位**

**Please** leave a message after the beep.
（ピーッという発信音の後にメッセージをどうぞ）

> **Note** after the tone も同じ意味です。

**第2位**

**Please** call me back soon.
（すぐに折り返し電話ください）

# シーン 8　電話を受ける　May I help you?

## そのとき君なら何て言う?

英語で電話を受ける。
まずなんて言う？

**ポイント** ▶ 会社名から伝える

要件は分かったが、
相手が誰だか分からない…

**ポイント** ▶ シンプルに3語で

うまく聞き取れなかったら…

**ポイント** ▶ 丁寧にお願いする言い方

UNIT 2　電話

 **会話のカギ** オフィスの電話口ではなるべく相手を待たせないよう、誰にでも伝わる定番表現を使うとよいでしょう。

## 今日のぴったりフレーズ　CD-11

### Hello, **this is** J.J.Shop. How may I help you?

J.J.Shop です。ご用件は何でしょうか？

 電話を受けるときの定番表現です。

### **Who's calling**, please.

どちら様ですか？

 似ている表現に Who is it? がありますが、これは自分あての電話を他の人がとった場合など、「誰からの電話?」と聞くときに使います。もっと丁寧に言うときは、May I ask who's calling? となります。

### **Could you say** that again?

もう一度おっしゃっていただけますか？

 最後に ,please を付けると一層丁寧な言い方になります。

35

## シーン9 不在を伝える

> She's not available right now.

### そのとき君なら何て言う?

上司が席を外していて
しばらく戻ってこない…

**ポイント** ▶「いま手が離せない」「他の電話に出ている」など、万能に対応する表現

外出中の同僚に電話が…

**ポイント** ▶ 出られない理由を明確に伝える場合

あと1時間程度で戻ってくる上司宛に
電話がかかってきた…
なんて言って待ってもらう

**ポイント** ▶ 1時間以内を英語で言うと…

UNIT 2 電話

**会話のカギ** | 冷たく聞こえないように言うのがコツです。not available（手が空いていない→不在）、out of ～（～の外→外出中）がキーワード。

## 今日のぴったりフレーズ　CD-12

### I'm sorry. She's **not available** right now.

申し訳ございません。彼女は今おりません。

**Note** right now は「今すぐに」という意味と「現時点では」という意味があります。ここでは後者の意味で使います。

### Mr. Yamada is **out of** the office.

山田は外出しております。

**Note** 一日中外出している場合は、He is gone for the day.（彼は今日一日外出です）と言えばOK。

### He'll be back **within an hour**.

彼は1時間以内に戻ります。

**Note** すぐ戻りそうなときは、He should be back in one minute. Would you like to hold?（彼はすぐに戻るでしょう。お待ちいただけます？）という言い方もできます。

## シーン10
# 後ほどかけ直してください

Could you call again later?

**そのとき君なら何て言う?**

今は不在、
後でかけ直してほしいときは…

**ポイント ▶** 丁寧に頼むときは Could you 〜

かけ直してほしい時間が
分かっている場合は…

**ポイント ▶** 「〜後」は in で表現できる

明日にしてほしいとき…

**ポイント ▶** mind を使った丁寧表現

## UNIT 2 電話

**会話のカギ** 相手に電話をかけ直してもらうときは、丁寧にお願いしなければなりません。Could you ～?、Would you ～?（～していただけますか?）を使います。

### 今日のぴったりフレーズ　CD-13

## Could you **call again later**?

後ほどおかけ直しいただけますか？

**Note**　「後ほど」は later で表します。See you later.（またあとでね）と同じ。

## Could you **call back in an hour**?

1時間後にもう一度おかけいただけますか？

**Note**　「かけ直す」は call back です。in three months（3ヵ月後）など、「～後」と言うときには in が使えます。

## **Would you mind calling** again tomorrow?

明日またお電話いただけますでしょうか？

**Note**　Could you call again tomorrow? でも正解ですが、mind を使うと、相手にさらに親切に聞こえます。

## シーン11
# 別の担当につなげる

> I'll put you through to Mr. Aoi.

### そのとき君なら何て言う?

取り次ぐために、
待ってもらいたいとき…

**ポイント** ▶ 相手を待たせない超シンプルな定番表現

同僚の青井さんに電話をつなぎたい…

**ポイント** ▶ 電話を取り次ぐときの定番フレーズ

係りの者に電話をつなぐときは…

**ポイント** ▶ transfer（取り次ぎ）を使う

## UNIT 2 電話

**会話のカギ**　電話の取次ぎ表現です。キーワードは put you through to 〜、transfer to 〜（〜におつなぎします）です。

### 今日のぴったりフレーズ　CD-14

**Hold on**, please.

お待ちください。

**Note** すぐに代われるならこの表現が一番いい。他にも Just a minute, please. を使うことが多い。

---

I'll **put you through** to Ms. Aoi.

青井につなぎます。

**Note** これからする動作は I'll 〜 と言います。また、上の表現の前に Sure.（はい）とワンクッション置くと一層良いでしょう。

---

I'll **transfer your call to** the person in charge.

担当の者におつなぎします。

**Note** 自分あてではなく、他に担当者がいる場合は the person in charge（担当の者）と言います。

## シーン12
## 伝言を受ける

Would you like to leave a message?

### そのとき君なら何て言う?

電話中の同僚に電話がかかってきた…

ポイント ▶ 「他の電話中」を表す3語

代わりに伝言を聞く

ポイント ▶ 伝言を「置いていく、残す」の動詞は…

戻ったら折り返し電話させると伝えたい…

ポイント ▶ 提案するときの定番表現

## UNIT 2 電話

**会話のカギ**　担当者が電話を取れない場合の表現です。キーワードは on another line（他の電話に）、leave a message（伝言を残す）、call back（かけ直して）。

### 今日のぴったりフレーズ　CD-15

> She is **on another line** right now.
>
> 彼女は他の電話に出ています。

**Note** ここでの line は「電話」を表します。

> Would you like to **leave a message**?
>
> 伝言を残しますか？

**Note** 反対に「伝言を預かる」は take a message です。「伝言を預かっていただけますか?」と相手に言う場合は、Would you take a message, please? となります。

> **Shall I have her** call you back?
>
> 折り返し電話させましょうか？

**Note** Would you like him to call you back? も同じ意味で使えますが、こちらは相手の希望を尋ねるパターン。Shall I ~は、こちらから提案するパターンです。

## シーン13
## 相手を確認する

> Let me repeat that.

### そのとき君なら何て言う?

電話は受けたものの、
誰につなげばいいのか分からない…

**ポイント▶** 誰あて?と聞く定番表現

不在の者への伝言を受けた…
もう一度内容を確認したい

**ポイント▶**「繰り返し」といえば…

ちゃんと聞き取れたか自信がない…

**ポイント▶** please を付けて丁寧に

## UNIT 2 電話

**会話のカギ** 通信状況によって聞き取りにくいことがあるのが電話。余計なミスを防ぐためにも、repeat（繰り返し）してしっかり確認しましょう。

### 今日のぴったりフレーズ　CD-16

**Who** would you like to **speak to**?

誰におかけですか？

> **Note** 日本語から英訳すると、Who do you want? と言ってしまいがちですが、これは「誰に話したいんだい？」と横柄な言い方になりますので NG です。

Let me **repeat** that.

復唱させてください。

> **Note** 預かった電話番号を復唱するときにも使います。Let me say that again? でも OK です。

Sorry, could you please **repeat** that?

すみません、繰り返していただけますか？

> **Note** I'm sorry, but I can't hear you ... と言ってもいいですが、Sorry の一語で通じます。

45

## シーン14
## 電話を切るとき

Thank you for calling.

**そのとき君なら何て言う?**

相手が伝言を残したときは、なんて言って切る？

**ポイント ▶** make sure（必ず〜）を使う

相手の名前を挟んで、礼を言う

**ポイント ▶** どこに名前を置くか

間違い電話がかかってきたら…

**ポイント ▶** you have +間違い電話

UNIT 2　電話

**会話のカギ**　電話を切るときにもマナーがあります。最後の締めの言葉をここで学習しておきましょう。

## 今日のぴったりフレーズ　CD-17

### I'll **make sure** he gets your message. Bye.

伝言は必ずお伝えします。それでは。

**Note** make sure は後ろに that 節を付け、「必ず〈that 節〉する」「忘れずに〈that 節〉する」という意味です。強くはっきり言うと相手が安心します。

### OK, **Mr. Sarfo**, thank you for calling.

**Note** 名前の置くところに決まりはありません。もし OK を言わなければ、Thank you for calling, Mr. Sarfo. でもいいでしょう。

### I'm sorry, you have **the wrong number**.

すみませんが、番号をお間違えのようです。

**Note** 間違い電話は直訳すると mistaken telephone や wrong telephone ですが、この表現は誤りです。wrong number が正解。

**しごとの名言②**

*Concentrate all your thoughts upon the work at hand. The sun's rays do not burn until brought to a focus.*

いまやっている仕事にあなたの全神経を注ぎなさい。
太陽光線だって焦点が合わないと発火させることはできない。

by **Graham Bell**
(グラハム・ベル：科学者)
*1847–1922*

# UNIT 3
# 接客

- シーン15　海外から来客
- シーン16　ゲストの応対する
- シーン17　習慣のちがい
- シーン18　ゲストのショッピング
- シーン19　海外客から質問を受ける
- シーン20　ゲストが困っているとき
- シーン21　ゲストを歓待する

**まずはここから**

# 【接客 6 パターン】 CD-18

> お客様に丁寧に接することから接客は始まります。6つの基本型を使ってハキハキと話しましょう。

### チェック① 自分が何かをしたいとき： May I 〜 ?

**May I help you?**
（いらっしゃいませ。／何かお手伝いしましょうか?）

**May I have your name?**
（お名前をちょうだいしても良いですか?）

**May I ask your name, please?**
（お名前をお伺いしても良いですか?）

### チェック② お客様に何かして欲しいとき： Could you 〜 ?

**Could you hold the line, please?**
（このまましばらくお待ちいただけますか?）　※電話のみ

**Could you come this way, please?**
（こちらへどうぞ）

### チェック③ お客様の好みなどを聞きたいとき： Would you like 〜 ?

**Would you like to have some water?**
（お水をお持ちしましょうか?）

UNIT 3 　接客

### チェック④　お客様をお呼びするとき

**Sir.**（男性客）

**Ma'am. / Ms.**（女性客）

> Note　年齢に関係なくお呼びします。

### チェック⑤　その場で判断できないことを聞かれたとき：
I'll check 〜

**Just a moment, please. I'll check** that for you.
（少々お待ちください。今、お調べいたします）

> Note　「I don't know.」は無責任に聞こえるので NG です。

### チェック⑥　謝罪をするとき：
I'm afraid 〜 / We are very sorry 〜

**I'm afraid** we don't have any left.
（あいにく品切れになってしまったんですが）

**We are very sorry** for the mistake.
（間違いまして申し訳ございません）

# シーン 15
## 海外から来客

> Are there any foods that you avoid?

### そのとき君なら何て言う?

来日する顧客に対し、
「空港までお迎えに行く」と伝える

**ポイント ▶** 意思を伝える will

顧客を夕食に接待する予定。
相手が食べられないものを
事前に聞いておきたい

**ポイント ▶** 食べられない＝避けている（avoid）

顧客が仕事後、
プライベートの用事である場所へ。
車で送ってあげようか…

**ポイント ▶** 確定した意思には will、
まだ決まっていないなら would

UNIT 3 接客

**会話のカギ**　わざわざ海を渡って来てくださるゲストにはできる限りのもてなしをしたい。3つのよくあるシチュエーションを用意しました。気が利くスマートな表現を覚えてください。

## 今日のぴったりフレーズ　CD-19

### I'll meet you at the airport.

私が空港に迎えに行きます。

**Note** もっと具体的に言いたければ、I will pick you up at Narita. If you don't see me, please call this number.（成田まで迎えに行きます。もし私たちが見つからなければ、この番号にお電話ください）これで相手は安心するでしょう。

### Are there any foods that you avoid?

避けている食物はありますか？

**Note** 会食でもてなすのも大切な仕事です。Do you have any dietary restrictions?（食事制限はありますか?）、What kind of food would you like, and what are some things that you cannot eat?（どんな食べ物がお好きですか、食べられない物はありますか?）と聞いておくと安心です。

### We'd be happy to drop you off somewhere.

どこでも喜んで送りますよ。

**Note** pick up（迎えに行く）の反対で drop off（降ろす）が使える場面です。

## シーン16
## ゲストに応対する

I'm afraid this is the best price we can offer you.

そのとき君なら何て言う?

（レストラン）
予約がいっぱいで
断らなければならない…

**ポイント▶** 完全に予約が埋まっていることをひとことで表現

（スポーツ店）
ディスカウントを求められた！
定価での販売しかしていないと伝えたい

**ポイント▶** お望みどおりできればいいのですが…
と切りだす

（レストラン）
禁煙席でタバコを
取り出す客…やんわりと
ここではお控えくださいと言いたい。

**ポイント▶** 失礼のない言い方

UNIT 3 接客

> **会話のカギ**
> ゲストをもてなしたいと思っても、すべての要望に応えられるわけではありません。そんなときは I'm afraid ～（残念ながら～）で対応しよう。

## 今日のぴったりフレーズ　CD-20

> I'm sorry. **We're completely booked** tonight.
>
> 申し訳ございません。今夜は予約が埋まっております。

**Note** Unfortunately ではじめる表現もよく使われます。Unfortunately, we've got no openings on that day.（残念ながらその日は空きがございません）

> I'm afraid this is **the best price** we can offer you.
>
> 残念ながら、これが私たちが提供できる最もよい価格なのです。

**Note** 値引きできるものならしたいが、規則で…とかわしたいときは次の表現も使えるでしょう。I wish I could but we're not allowed to give any discounts.（そうできればよいのですが、値引きが許されておりません）

> Oh, **are you aware** that this is a non-smoking table?
>
> あら、ここが禁煙席というのにお気づきですか？

**Note** マナー違反でも、せっかく入ってくれたお客さんはむげにはできません。そのため Excuse me, sir. とクッションを入れてから、The smoking section is over there. や Smoking is permitted only on the first floor. と言うと、相手も嫌な気がしないでしょう。

55

# シーン 17
## 習慣のちがい

**Would you prefer a fork?**

### そのとき君なら何て言う?

箸(はし)を使いづらそうにしている
同席の外国人に…
フォークを頂きましょうか、と言う

**ポイント ▶ 失礼にならないように言う**

（和の御屋敷で）
靴をはいたまま
上がろうとする外国人客に、
靴は脱ぐんですよ、と言う

**ポイント ▶ You ではなく We を使う**

外国人の宿泊客に
「湯船の中で体を洗ってはいけない」
と注意するには

**ポイント ▶ No 〜を使ってシンプルに伝える**

UNIT 3 接客

**会話のカギ** 習慣がちがう国から来たゲストには好みを聞いてあげましょう。キーワードは prefer～（～を好む）です。

## 今日のぴったりフレーズ　CD-21

### Would you **prefer** a fork?

フォークのほうがよろしいですか？

**Note** 本当に気配り上手な人は、I'm going to ask for a fork. Would you like one, too?（私はフォークを頼みます。あなたもいかがですか?）と言うかもしれませんね。

### We **have to** remove our shoes here.

私たちはここで靴を脱がなければなりません。

**Note** 他にも、Oh, no shoes on the tatami mats, please. Thank you.（あら、畳の上では靴はいけません。ありがとう）と最後に Thank you. をつけましょう。

### **No** soap and towels in the tub, **please**.

石けんとタオルは湯船に入れないでください。

**Note** 日本独特のしきたりや文化はシンプルに伝えるのが一番です。必ず please を付けてください。

57

# シーン 18
## ゲストのショッピング

**Why not try both of them?**

そのとき君なら何て言う？

洋服で悩んでいる外国人客…
どちらも試着できますよ、と告げたい

**ポイント ▶** なぜやらない＝やってごらん、の言い方

あいにくサイズを切らしている…
ごめんなさい、と言いたい

**ポイント ▶** 「残念」を表す sorry からはじめよう

その場で判断できないことを
聞かれたとき…

**ポイント ▶** 少々お待ちください、とワンクッションおいて

UNIT 3 接客

**会話の カギ** 接客業に従事している人に役立つ基本表現を紹介します。Why not ～?（～してください）、out of ～（～を切らしている）など、どんな業種でも使えます。

## 今日のぴったりフレーズ

CD-22

### **Why not try** both of them?

どちらもぜひ試着してください。

> **Note**　「～しましょう」の Why not ～ が使える場面です。

### I'm sorry. We're **out of** that size.

申し訳ありません。そのサイズを切らしています。

> **Note**　out of ～で「～を切らしている」という意味で、ショッピングシーンではよく聞きます。That's a popular size and unfortunately we're sold out.（それは人気のあるサイズで、残念ながら売り切れです）も使える表現です。

### Just a moment, please. I'll **check** that for you.

少々お待ちください。確認してまいります。

> **Note**　I don't know. は無責任に聞こえるので NG。

シーン **19**

## 海外客から質問を受ける

> You can recharge your iPhone at Starbucks over there.

> そのとき君なら何て言う?

> 日本円をドルに換算すると
> いくらになるか聞かれた…
> たとえば1万円なら…

**ポイント** ▶ 確定未来の It will を使う

> スマートフォンを充電できる
> 場所はないかと聞かれた…近くの
> スタバならできる店があると告げる

**ポイント** ▶ You can ではじめる

> 急な雨。
> 傘はどこで買えるか聞かれた…

**ポイント** ▶ You can ではじめる

## UNIT 3 接客

**会話のカギ**　海外ゲストから突然質問されたら…接客業につく人ならぜひ覚えておきたい表現と事例を3つ紹介。切り出し方は You can ～（～できます）がスマート。

### 今日のぴったりフレーズ　CD-23

> Let me check the yen-dollar rate for you. **It will be** about 100 dollars if you pay cash.
>
> 円の為替を確認しましょう。現金でお支払いの場合、100ドル程度になります。

**Note** will を使って「～になる」と言うときの言い方です。It will be fun.（きっと楽しいよ）と同じ構文です。

> **You can** recharge your iPhone at Starbucks over there.
>
> あちらのスターバックスで iPhone の充電ができますよ。

**Note** Apple 店があれば、どこでも充電はできます。If your phone needs charging, let's go to an Apple store.（充電が必要になったら、アップルの店に行きましょう）

> **You can** buy a cheap plastic umbrella at any convenience store.
>
> コンビニならどこでも安価の傘が手に入りますよ。

**Note** All convenience stores carry umbrellas.（すべてのコンビニに傘は置いてあります）もシンプルでおすすめできる表現です。

## シーン20
## ゲストが困っているとき
Are you all right?

**そのとき君なら何て言う?**

雨でびしょびしょに濡れたお客さん…
タオルを持っていく

**ポイント**▶いまタオルを用意します、と取りに行くひとこと

お客が館内の花瓶を割ってしまった…
まず何て言う？

**ポイント**▶相手が怪我をしていないかをまず確認する

海外への荷物の発送を求められた…
国内しかできないので断りたい

**ポイント**▶残念ですが…というニュアンスを込める

UNIT 3 接客

**会話のカギ** 海外ゲストが困っているときにとっさに話しかけられるように！ 接客業の基本姿勢です。よくあるシチュエーションを表現とともに学んでおきましょう。

## 今日のぴったりフレーズ　CD-24

### Let me bring you a dry towel.

乾いたタオルをお持ちします。

**Note** 梅雨の季節や突然の雨天にお客さんが来たら、こういう場面はよくあります。タオルを手渡すときにも、Here, please use this towel to dry yourself.（どうぞこのタオルでお拭きください）と言葉がでればGOODです。

### Are you all right? And your clothes?

大丈夫ですか？　お洋服も。

**Note** Oh, I hope you didn't hurt yourself.（お怪我をされていなければいいですが）と言葉を続けたい。

### Unfortunately we can only deliver domestically.

あいにく国内の配達のみとなります。

**Note** We don't deliver internationally. I'm sorry. Maybe your hotel can help you.（国際便は受け付けていません。申し訳ありません。おそらくお泊りのホテルなら対処してもらえるでしょう）こんなふうに気づかえるとなおGOOD。

63

# シーン21
## ゲストを歓待する

I'm a huge fan!

そのとき君なら何て言う?

ハリウッドスターが来店!!!
「大ファンです」と言ってから、
もてなしたい。

**ポイント ▶** ありったけの気持ちをぶつける表現

メジャーリーガーが来店!!!
店に飾るためのサインがほしい、
と言いたい。

**ポイント ▶** 店の宣伝のために、という言い方で

お客様への対応が失礼な研修生には、
何と注意する?

**ポイント ▶** 扱われ方 (be treated) を問う

UNIT 3 接客

**会話の カギ** 大物ゲストに感激しながら歓待するときの表現です。We'd like to ～（～させていただきたいのですが）がキーフレーズです。

## 今日のぴったりフレーズ　CD-25

### I'm **a huge fan**!
大ファンです！

**Note** これが一番わかりやすいです。You've changed my life.（あなたが私の人生を変えたの！）という表現もチャーミング。

### **We'd like to** put your autograph on this wall.
壁にあなたのサインを掲げたいのですが。

**Note** 有名人の場合、付いているスポンサーの関係で、特定の店にはサービスができない可能性もあります。個人が頼む分には問題ないでしょう。

### Would you want to **be treated** that way?
そんなふうに自分が扱われたい？

**Note** 目にあまる態度には厳しく注意。That was rude! Never talk like that to a customer again.（失礼だよ！　2度とお客さんの前であんなふうにしゃべらないで）

65

しごとの名言③

*Do the hard jobs first.
The easy jobs will take care of themselves.*

まず難しい仕事から取りかかろう。
易しい仕事は勝手に片付いていくだろうから。

by **Dale Carnegie**
(デール・カーネギー：作家)
*1888–1955*

# UNIT 4
# 打ち合わせ

- シーン22　アポを取る
- シーン23　アポを変更する
- シーン24　打ち合わせ中に
- シーン25　打ち合わせ場所を決める
- シーン26　打ち合わせが長引いたとき
- シーン27　秘密を共有するとき
- シーン28　結論を出すとき

**まずはここから**

# 打合せの基本は【場所・時間の設定】から

CD-26

時間・場所の言い方からはじめましょう。時間も場所も同時に伝えるとき、どちらを先に言うでしょうか？

### チェック① 待ち合わせ場所・日時を決める

**場所**

**How about** in front of the Seven Hotel?
（セブンホテルの前はどうですか？）

受け答え⇒ **OK, I'll be there.**
（はい、そこに行きます）

**時間**

**What time** shall we meet?
（何時に待ち合わせしましょうか？）

受け答え⇒ **Say** three o'clock?
（3時はどうですか？）

**Note** Say ~は How about ~と同じです。

## UNIT 4　打ち合わせ

### チェック②　会ってくれるかどうかを尋ねる

**聞き方**

### May I see you in front of the Seven Hotel at 10 o'clock on Sunday?
（日曜の10時にセブンホテルの前でお会いできますでしょうか）

> **Note** 時間や場所のどれを先に言うべきかという順番に決まりはありません。優先度（伝えたい重要度）で自分で決めればいい。

### Could you make time for me next week?
（来週、お時間を作っていただけますか？）

**予定どおり会えたら**

### Thank you for sparing time for me.
（お時間を割いてくださって、ありがとうございます）

### Thank you for taking the time to meet me.
（お時間を作ってくださって、ありがとうございます）

> **Note** わざわざ時間を作ってくれたことにひとこと礼を言っておきたいものです。

## シーン22　アポを取る
**I would like to see you.**

### そのとき君なら何て言う？

**アポイントを取るために電話する**

ポイント ▶ 自分のことを名乗る

**アポイントの日時を提示する**

ポイント ▶ 決まった時間を表す前置詞は…

**どうしても一緒に仕事をしたい、協力してほしいと強く説得したい**

ポイント ▶ 「あなたしかいない」を英語で表現すると…

## UNIT 4 打ち合わせ

> **会話のカギ**
> 取引相手や協力者と打ち合わせするにも、まずアポイントを取らなければなりません。自分が誰であるか、何を求めているのかを最初に伝えます。

### 今日のぴったりフレーズ　CD-27

▶ **This is Mari Yukawa from the J.J.Shop.**

J.J.Shop の湯川マリです。

**Note** This is ○○ from □□. (□□の○○です) で OK。相手が聞き取りやすいよう、シンプルであるに越したことはありません。

▶ **I would like to see you at 10 o'clock tomorrow morning.**

明日の朝10時にお会いしたいのですが。

**Note** 曜日や月は前置詞 on を使うのに対して、時間は at です。10時という定点（＝範囲の狭い点）には at を使います。

▶ **You are the person we've been looking for.**

あなたは私たちがずっと探していた人です。

**Note** 同じ意味で、Please grant me the opportunity to work with you.（あなたと一緒に仕事をするチャンスをください）という言い方もあります。

## シーン23 アポを変更する

Can we reschedule our appointment?

### そのとき君なら何て言う？

**こちらの都合でアポを変更する**

ポイント ▶ 丁重にお願いするときの言い方

**時間に遅れることを知らせる**

ポイント ▶ 遅れることを伝える定番表現

**打ち合わせ場所が見つからないと電話。いま何が見える？と聞きたい…**

ポイント ▶ what を使う

UNIT 4　打ち合わせ

**会話のカギ**　突発的な事情で約束を変更せざると得なくなることもあります。そんなときはなるべく早く知らせましょう。

## 今日のぴったりフレーズ　CD-28

### Could we reschedule our appointment? I apologize.

私たちの約束を変更させてもらえますか？　すみません。

**Note**　さらに I need to change the time of our meeting.（約束の時間を変更する必要がでてきました）Are you available in the afternoon?（午後は空いていますか？）と変更したい時間を示しましょう。

### I'm going to be about 15 minutes late. Sorry!

15分ほど遅れそうです。ごめん！

**Note**　どのくらい遅れるかは分からず、とりあえず遅れることだけを伝える場合はこちら。I'm not going to make it there in time. Please start without me.（時間までにそちらに着けそうにありません。私ぬきで始めてください）

### Tell me what you see.

何が見える？

**Note**　ビートルズのアルバム『HELP!』にも"Tell Me What You See"という曲があります。

73

## シーン 24

# 打ち合わせ中に…

> Something urgent has come up.

### そのとき君なら何て言う?

合ってくれたことに
まず感謝を伝えたい…

**ポイント ▶** 時間を作ってくださり、と言う

打ち合わせ中に急用で帰社することに。
何て言って退席すればいい？

**ポイント ▶** Something ではじめる

打ち合わせ相手に緊急電話…
気にしなくていいから電話に出て、
と言いたい

**ポイント ▶** 自分のことは心配ない、と言う

## UNIT 4 打ち合わせ

**会話のカギ**　打ち合わせ中にもどうしても優先すべき別件の連絡が入ることはあるでしょう。キーワードは Something urgent（緊急事態が）です。

### 今日のぴったりフレーズ　CD-29

## Thank you for **making time** to see me.

お時間をいただき、ありがとうございます。

**Note**　打ち合わせが終わって別れるときにも使える表現です。

## **Something urgent has come up** and I need to get back to my office right away. Please excuse me.

緊急事態が起きていて今すぐ会社に戻らなくてはなりません。許してください。

**Note**　外出中に緊急事態で呼び戻されることはよくあることです。深刻な顔をした相手が Something urgent has come up…というと、相手は何も言えなくなります。

## Don't worry **about me**. Please take that call.

私のことは気にしないで。どうぞ電話にでてください。

**Note**　もう一つよく使う表現があります。By all means, go ahead. I'll look at these papers while you're on the phone.（どうぞお構いなく。あなたが電話してる間、この書類を見てるわ）

**シーン25**

# 打ち合わせ場所を決める

> That time-frame won't work for me.

### そのとき君なら何て言う？

会いたかった人にアポが取れた。
どこで会うか、相手の都合のよい
エリアを聞きだしたい

**ポイント** ▶ いろんな聞き方がある中、
できるだけシンプルに言いたい

---

相手が打ち合わせ時間を指定
してきたが、あいにく別件と重なった…
何とか時間をずらせないか頼みたい

**ポイント** ▶ 「時間帯」を英語で言ってみよう

---

相手が指定した場所が分かりづらい…
正確な所在地を
メールで送ってほしいと言いたい

**ポイント** ▶ できることならアドレスを送ってほしいという
ニュアンス

## UNIT 4 打ち合わせ

**会話のカギ** 打ち合わせ日時や場所を決めるとき、非常によく使う表現をピックアップしました。キーワードは work（機能する／うまくいく）です。

### 今日のぴったりフレーズ　CD-30

▶ **Where is a good place** for us to meet?

どこでお会いするのが（都合が）いいでしょうか？

**Note** 相手の都合を聞く最もシンプルで伝わる表現です。

▶ I'm sorry, **that time-frame won't work** for me.

申し訳ありません。その時間帯は都合がつかないんです。

**Note** 同じ意味で、Unfortunately I have another appointment at that time（あいにくその時間は他の約束があります）とも言えます。

▶ I don't know that area. If you can, **please email me the address**.

その辺りは分かりません。お願いできるのなら、アドレスを送ってください。

**Note** 仕事の場所を間違ったら大変です。そんなときは Just to be sure, could you please email the address to my Gmail account?（念のため、アドレスを私のGメールに送っていただけませんか？）と言っておきましょう。

## シーン26
# 打ち合わせが長びいたとき

> I need to make a phone call.

### そのとき君なら何て言う？

打ち合わせが思ったより長引きそう…
次のアポのため電話をかけたい

**ポイント ▶** そうしなければならないときに使う助動詞は？

打ち合わせが長引いた…
次のアポに急きょ遅れてしまう
ことを詫び告げたい

**ポイント ▶** 「長引き、身動きがとれない」を英語で言うと…

打ち合わせに遅れて参上…
開口一番何て言う？

**ポイント ▶** 電車が遅れた、とまず理由を告げる

## UNIT 4 打ち合わせ

**会話のカギ** 打ち合わせ中に別件で席を立つのは失礼ですが、やむを得ないときもあります。重要度を表現するためのキーは I need to ~（~する必要がある）です。

### 今日のぴったりフレーズ　CD-31

▶ **I need to** make a phone call. Excuse me.

電話をかける必要があります。失礼します。

**Note** 次の約束のために…と付け足したいときは I'm going to call my next appointment and let him know that I'm going to be late.（次のアポ先に電話をかけるよ。彼に遅れることを伝えさせて）が GOOD。

▶ **I'm tied up** and it looks like I won't be able to make it by three o'clock.

身動きがとれなくて3時までに着けそうにありません。

**Note** be tied up という表現で「身動きがとれない」と言うことができます。すなわちその場から出られないということです。

▶ The trains were **running late**. Sorry to **keep you waiting**.

電車が遅れました。お待たせして申し訳ありません。

**Note** 他に I apologize for being late. I got caught in the traffic.（遅れて申し訳ございません。渋滞につかまりました）という言い方もよく使います。

## シーン 27
## 秘密を共有するとき

That's confidential.

### そのとき君なら何て言う？

くれぐれも外部にもらさないよう、
企業秘密の重要書類を渡したい

**ポイント ▶** これを見れるのはあなただけだ、と言う

重要書類を渡された！！
絶対に口外しないことを信じさせたい

**ポイント ▶** どれだけ重要なものか分かっている、と言う

社外秘の情報を
相手が引き出そうとしてくる…

**ポイント ▶** 2語で伝える

## UNIT 4 打ち合わせ

**会話のカギ**　ビジネスの打ち合わせではまだ他社が知らない秘密情報をやりとりすることもよくあります。キーワードは your eyes only、confidential（秘密）です。

### 今日のぴったりフレーズ　CD-32

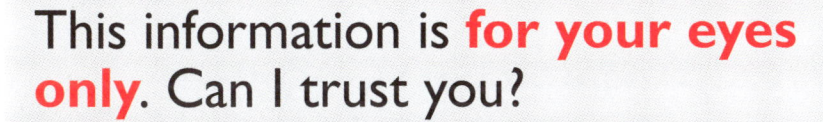

## This information is **for your eyes only**. Can I trust you?

この情報は秘密です。あなたを信じていいですか？

**Note** 他にもこんな言い方があります。I want you to know that this is a trade secret. Do not share this with anyone.（これは企業秘密だと認識してほしい。決して他に誰かと共有しないこと）

## I understand **how important** this is. You have my word.

これがどれだけ重要なものか理解しています。約束します。

**Note** I'm aware that this is strictly confidential.（これが極秘であることを認識しています）strictly confidential で「極秘」という意味です。この言い方もいいですね。覚えておきましょう。

## That's **confidential**.

それは企業秘密です。

**Note** I cannot divulge that information.（その情報を漏らすことはできない）という言い方もあります。

## シーン28　結論を出すとき

> Get to the point.

### そのとき君なら何て言う？

雑談が長引いている…
そろそろ本題に入りたい

**ポイント ▶** get を使った定番表現を使う

アイデアの議論が堂々巡り…
要するに何が言いたいのか…

**ポイント ▶** シンプルに4語で

最後に謝礼金額について
切り出したい（もらう側）

**ポイント ▶** 謝礼を英語でなんて言うか

UNIT 4 　打ち合わせ

**会話のカギ**　話が要領を得ないとき、ビシッと決まる表現を3つ選びました。キーワードは get を使った慣用表現です。

## 今日のぴったりフレーズ　CD-33

### All right, then, let's **get to work**.
さあ、本題に入りましょう。

**Note** 同じ意味で、この言い方もよく使います。Well, are we ready to get down to business?（さあ、いよいよ本題に入りましょうか？）

### **Get to** the point.
要点を言ってください。

**Note** 丁寧に言うときは please. を付けてください。もっとやんわり言いたいときはこちら。Why don't you get to the point and save precious time?（要点を話してくれないか。貴重な時間を節約できるから）

### May I ask about **compensation**?
報酬について聞いてもいいですか？

**Note** 労力を提供する側にとっては大切な話です。相手も払えないオファーはしないでしょうから、早めに確認しておいて損はありません。他に I don't recall your mentioning payment.（報酬について言われたことを覚えていない＝まだ聞いていない）などよく使います。

**しごとの名言④**

# Before everything else, getting ready is the secret of success.

準備しておくこと。
それが何よりの成功の秘訣である。

by **Henry Ford**
(ヘンリー・フォード：実業家)
*1863–1947*

# UNIT 5
# 苦情

- シーン29　苦情の電話を受ける
- シーン30　責任の所在
- シーン31　相手の怒りを和らげる
- シーン32　返品を求められる
- シーン33　苦情を言う
- シーン34　ホテルで苦情を伝える
- シーン35　相手がカンカンに怒っている

まずはここから

# 苦情は【ごめんなさい】では解決しない

CD-34

クレームの電話が来た場合、重要なのは Empathy（同調）です。お金を払って受けた商品・サービスなのですから、不備があったら怒るのはごもっとも。その気持ちにまず理解を示しましょう。

### チェック① よくあるクレームの種類

**第1位**
**delay** （遅れ・延滞）

**第2位**
**bad service** （サービスに対する不満）

**第3位**
**something out of order** （故障） / **broken** （破損）

### チェック② お客様の怒りを鎮める同調表現トップ2

**第1位**
**I'm sorry to hear that.** （それはお気の毒です）

> Note 自社商品・サービスの不備を認めるのではなく、お客様の話を聞いて、さぞかしご不便だったことを理解したとまず伝えましょう。

**第2位**
**You must have been disappointed.**
（がっかりされたことでしょう）

UNIT 5 苦情

### チェック③ お客様の怒りを鎮める状況説明トップ2

**第1位**

**I'm just accessing your details on my screen.**

（ただいまお客様の情報をスクリーンにて確認いたしております）

> Note 自分が今、どのような対応をしているかを説明するとお客様は安心されます。

**第2位**

**Could you hold on while I find your file?**

（お客様のデータが見つかるまでは、そのままお待ちいただいてよろしいですか？）

### チェック④ お客様の怒りを鎮めるお礼表現トップ2

**第1位**

**Thank you for bringing this to our attention.**

（お知らせいただき、ありがとうございます）

> Note ご指摘くださったおかげで、わが社のサービス向上につながりますという前向きな姿勢を伝えます。

**第2位**

**Thank you very much, Mr. Thompson. What you told me will help us improve our service.**

（ありがとうございます。ご指摘くださったことは弊社のサービス向上に役立たせていただきます）

## シーン29
## 苦情の電話を受ける

I'm terribly sorry to have inconvenienced you.

### そのとき君なら何て言う？

取引先が商品を返品したいと言ってきた。理由をうまく聞きだすには。

**ポイント** ▶ 問題（不備）がありましたか？と訊く

手違いで先方に迷惑をかけてしまった…

**ポイント** ▶ 謝り方の定番表現

注文した色と違うというクレーム…

**ポイント** ▶ お客様がいま望んでいることは…

## UNIT 5 苦情

**会話のカギ**　苦情電話の対応はたいへん気を遣う仕事です。exactly（正確に）、terrible（ひどく=本当に）、surely（確実に）など適切なキーワードを使います。

### 今日のぴったりフレーズ　CD-35

**What exactly was the problem with the item?**

私たちの商品のどこに問題がありましたか？

> Note　せっかく納品した商品が返品されるのは商売として辛いことです。何が原因かをしっかり突きとめておけるといいですね。

**I'm terribly sorry to have inconvenienced you.**

ご不便をおかけして申し訳ございません。

> Note　こちらに非があるのが明白な場合は素直に謝るのが礼儀です。inconvenience（不便）がキーワード。個人がわるい場合は I'm、会社がわるい場合は We're です。

**I'll make sure that they reach you as soon as possible.**

早急にお届けいたします。

> Note　せっかく届いた商品が希望した色と違ったりしたらガッカリですね。こういうときこそ迅速な対応が必要です。

シーン **30**　It's our fault.

# 責任の所在

### そのとき君なら何て言う?

> 請求書に間違いがあると指摘された…
> 落ち着いて詳細を聞きたい

**ポイント** ▶ more を使う

> こちらに責任があるときは
> きちんと告げる

**ポイント** ▶ 私どもの不手際、は英語で何て言う?

> 欠陥の原因を
> こちらで調べると伝えたい…

**ポイント** ▶ 調べる、を英語にすると…

## UNIT 5 苦情

**会話のカギ** こちらの不手際だと分かっている場合は、余計な言い訳はしてはいけません。きっぱり謝りましょう。

### 今日のぴったりフレーズ　CD-36

---

### A discrepancy? Please give me **more details**.

食い違いがある？もっと詳しく教えてください。

**Note** 計算などの間違いを示すとき、discrepancy という単語をよく使います。とてもシンプルな言い方ができますね。他にもこんな言い方ができます。There's a problem with the invoice? Please explain.（請求書に問題があるって？詳しく聞かせてください）。

---

### It's **our fault**.

私どもの不手際です。

**Note** fault は「不手際、落ち度、誤り」という意味があります。

---

### I'll **look into** it and call you back.

調査し、折り返しお電話いたします。

**Note** 他にも Please give me a few days.（2、3日いただけますか）という言い方もできます。

**シーン 31**

# 相手の怒りを和らげる

> You must have been disappointed.

## そのとき君なら何て言う?

間違った商品を購入したお客に、「それはお気の毒です」とまず共感のクッションを入れたい。

**ポイント ▶** must have been 〜（〜にちがいない）を使う

連絡してきてくれたことに対して、まず礼を言いたい。

**ポイント ▶** let us know（知らせて）を使う

可能な限りの対応はさせていただきたい、と申し出たい。

**ポイント ▶** 相手からの信頼を取り戻すためのひとこと

UNIT 5 苦情

**会話のカギ** 怒りをこれ以上大きくしないための心得があります。それは相手の気持ちに理解を示し、それを言葉にすることです。

## 今日のぴったりフレーズ　CD-37

### You **must have been** disappointed.
がっかりされたことでしょう。

**Note** 他にも同じようなことをされた方がいますよ、と相手を安心させるために、It happens often.（よくあるんです）という言い方もいいでしょう。

### We appreciate your **letting us know**.
お知らせくださいまして感謝します。

**Note** 顧客の直接的な意見や連絡は今後の商品・サービスづくりに大変役に立ちます。そのことを認識して、上のように言えるといいですね。

### I'll **make it right**.
誠意を持って対応させていただきます。

**Note** 顧客からの無理な要求も、頭ごなしにできないというのではなく、やれることはやりますという姿勢を見せたい。I'll see what I can do.（私に何ができるか考えます）もGOODな表現。

シーン**32**
## 返品を求められる

That shouldn't be.

そのとき君なら何て言う？

（レストラン）
メニューの写真より
具が少ないと言われた…

**ポイント▶**「それはいけないことだ」からはじめる

（靴屋）
一度外で履いた靴を
サイズが合わないと返品に…
それはできないと言いたい

**ポイント▶** We can only 〜（〜だけできる）を使う

（洋服店）
返品不可のセール品を
どうしても返品したいと言われた…
できないと押し切る

**ポイント▶**「できればそうしたいのだが」という
切りだし方で始める

## UNIT 5 苦情

> **会話のカギ** お客様から返品や返金を求められる事態は避けたいものですが、よくあるケースを3つパターンで触れ、基本表現を身につけておきましょう。

### 今日のぴったりフレーズ　CD-38

---

**That shouldn't be.** Let me speak with the chef.

それはいけません。シェフと話してきます。

**Note**　「あってはならない」を英語にすると That shouldn't be. となります。

---

**We can only accept** shoes that have never been worn outside. I'm really sorry.

外で履かれていない靴しか受け付けておりません。本当に申し訳ございません。

**Note**　We can only accept ~（~しか受け付けていない）を使って、定められたルールを相手の方に伝えることができます。

---

**I wish I could help you but** the item you bought clearly had a No Returns tag.

できることならそうしたいのでうが、その商品ははっきりと「返品不可」と示されていましたので。

**Note**　おもむろに突き返すより、I wish I could help you but ~（できることならそうしたい）と相手の気持ちに寄り添うと解決する場合が多いです。

# シーン33 苦情を言う

> We still have not received the goods.

## そのとき君なら何て言う?

注文した製品が納期に届いていない。
取引先にちょっと強めに催促したい。

**ポイント ▶** 「〜をまだ受け取っていない」と切りだす

二回も同じミスをした取引相手に、
三度目はないよと告げる

**ポイント ▶** 「もし〜したら」の if を使う

三度目のミスが発覚…
わるいけどもう取引できないと告げる

**ポイント ▶** わるいけど＝残念だけど、からはじめる

## UNIT 5 苦情

**会話のカギ** こちらから苦情を言うときの表現例です。見逃すわけにはいかないミスを取引先が続ける場合は、しっかりと抗議する必要があります。

### 今日のぴったりフレーズ　CD-39

> We still have not received the goods that **you promised us**.
>
> 約束した製品をまだ受け取っていません。

**Note** こういう場合は事実をはっきり伝えることで、催促しましょう。継続を示す have not received が現状の不満を物語ります。

> If this happens again, we will have to **terminate business with you**.
>
> 同じことがまた起こったら、あなたとの取引を終わりにしなければなりません。

**Note** 次の諺をよく口にする人もいます。As the saying goes, three strikes and you're out.（諺に三振即アウト＝三度目はないよ）

> I'm sorry but we must say **our good byes**.
>
> わるいけど取引を終わりにしなければなりません。

**Note** 個人的には人柄は嫌いじゃないんだけれど、仕事は仕事。It's nothing personal, just business is business.（悪気はないんだけど、仕事は仕事だから）と割り切ることもビジネスではよくあることです。

**シーン 34**

# ホテルで苦情を伝える

> There's no hot water in the shower.

### そのとき君なら何て言う？

（ホテル）
シャワーのお湯が
でてこない…いますぐ直してほしいと
フロントに伝える

**ポイント▶** お湯がでてこない＝ no hot water（お湯なし）

（ホテル）
隣の部屋がどんちゃん騒ぎ…
いますぐ静かにしてくれと伝える

**ポイント▶** noise を使って、隣がうるさいことを知らせる

（ホテル）
煙草の匂いが残っている…
部屋を変えてほしいと伝える

**ポイント▶** smell（匂い）を使って切りだす

## UNIT 5 苦情

**会話のカギ** 出張で外国のホテルに泊まるとき、ときどきあるのが設備の不備。フロントに具体的に「何が」「どうしている」のかを伝えます。

### 今日のぴったりフレーズ　CD-40

---

### There's **no** hot water in the shower.

シャワーからお湯がでません。

**Note** I need someone to come and fix it right away.（すぐに誰か修理によこして）と続けましょう。The shower is cold.（シャワーが冷たい）だけでも通じます。

---

### The people in the room next door are **making a lot of noise**.

隣の部屋の人たちがすごく騒がしいんです。

**Note** Can you do something about it?（なんとかしてもらえますか?）と続けましょう。I'd like to move to quiet room.（静かな部屋に移りたい）と言ってもいいでしょう。

---

### My room **smells of smoke** and it's making me ill.

私の部屋ですがタバコの匂いがして気分が悪いです。

**Note** I'd like to change rooms.（部屋を変えていただけませんか）と続けましょう。もし予約時に禁煙ルームをとっていたなら、I requested a non-smoking room.（禁煙ルームをお願いしたんだけど）と説明しましょう。

## シーン 35
# 相手がカンカンに怒っている

I'll see what I can do for you, sir.

### そのとき君なら何て言う?

（ホテル）
フロントで
カンカンに怒っているお客…
とりあえず別室へとうながす

**ポイント** ▶ the manager office（応接室）

（ホテル）
別室のソファに座った
お客…まずは自分が誰で、問題を
解決できる立場にあることを伝える

**ポイント** ▶ 名乗り方にもいろいろある。
ここでは手短かに名乗る

（ホテル）
怒っているお客が
まくし立てるのをひたすら聞く…
うまくあいづちを入れながら

**ポイント** ▶ 私があなたのためにできること、を英語で

## UNIT 5 苦情

**会話のカギ** 応接室と上司の出番です。他のお客様の目のつかない別室に案内し、責任者が丁寧に対応します。

### 今日のぴったりフレーズ　CD-41

> Let's speak in **the manager's office**.
>
> 別室でお話ししましょう。

**Note** フロントで話していては他のお客様に迷惑がかかるかもしれません。すみやかに別室へ行く際のひとことです。

> I'm **David Baker, the manager**. What can we do to make you happy?
>
> マネージャーのデビッド・ベイカーです。あなたのために何ができるでしょう？

**Note** 名前＋肩書きをスムースに言う名乗り方です。自分の名前や仕事でも口慣らしをしておきましょう。

> I'll see **what I can do for you**, sir.
>
> できるかぎりのことをさせていただきます。

**Note** 精一杯、お客様のためにできることをする、という誠意ある態度が、じょじょに怒りを鎮めていきます。

> しごとの名言⑤

# *Indecision is often worse than wrong action.*

決断しないことは、
ときとして間違った行動よりもタチがわるい。

by **Henry Ford**
(ヘンリー・フォード：実業家)
*1863–1947*

# UNIT 6
# 依 頼

- シーン36　仕事を依頼する
- シーン37　依頼を断る
- シーン38　仕事の段取りをすり合わせる
- シーン39　スケジュールの変更
- シーン40　部下に指示を出す
- シーン41　部下から相談される
- シーン42　満足できない仕事ぶり

**まずはここから**

# 依頼は【Can I ask a favor?】から

CD-42

誰かの協力を頼む場合、本題に入る前に、まず相手の都合を聞く姿勢が大切です。

### チェック① お願い表現トップ3

**第1位**

**I have a favor to ask.**（お願いがあります）

**第2位**

**Can I ask a favor?**（お願いがあるのですが）

> Note 丁寧さでいうと、第1位より第2位のほうが丁寧です。

**第3位**

**Will you do me a favor?**
（お願いを聞いてもらえますか?）

### チェック② お願いされたときの受け答えトップ3

**第1位**

**Sure.**（いいですよ）

**第2位**

**Of course.**（もちろんです）

UNIT 6 依頼

第3位
**What do you need?** (はい、どんなことでしょう?)

チェック③ **否定的な受け答えトップ3**

第1位
**It depends.** (状況によりますが)

第2位
**I'm afraid not.** (すみませんができません)

第3位
**I'm tied up till the evening.**
(夕方まで手いっぱいなんです)

チェック④ **期限を伝える**

**I want it by 4:15 today, if possible.**
(もし可能なら、今日の4:15までにいただきたいのですが)

**by noon** (昼まで)

**by the end of the day** (今日中)

> Note 期限を伝えるときは by を使います。until も「〜まで」の意味ですが、by がその時点の1点を指すのに対し、until は「それまでずっと継続」した期間を指します。
> 例 **until the evening** (夕方までずっと)

## シーン36
## 仕事を依頼する

There's a project that I believe will interest you.

そのとき君なら何て言う?

新しい仕事を依頼するとき、まず何て言えばいい

**ポイント▶** 企画があります、を切り口に

新しい仕事を依頼するが、締切がせまっているのでスケジュールに注意を促したい

**ポイント▶** 助動詞 must を使う

今日の昼までにやってほしい急な仕事を依頼する

**ポイント▶** something を使った2文節の表現でシンプルに

## UNIT 6 依頼

**会話のカギ**: 一人ではできない仕事はパートナーに依頼するところから始まります。There's something ~（~がある）というスマートな切り出し方を覚えましょう。

### 今日のぴったりフレーズ　CD-43

### There's a project that I believe will interest you.

あなたが興味を持つ企画があります。

> **Note**: 他にも、I'd like to make a proposal to you today.（今日はあなたに企画を提案させていただきたい）という言い方ができます。

### I must let you know firsthand that the schedule is tight.

まず最初にスケジュールがきついことを知らせなければいけません。

> **Note**: The thing is, there's not much time.（ただ、時間があまりないんです）と最初に断っておきましょう。

### There's something I'd like you to finish by noon today.

今日の昼までに終わらせてほしいことがあるんだ。

> **Note**: 何かをお願いするとき、"お願い事がある"という意味で There's something ~ をよく使います。

## シーン 37
## 依頼を断る

> I have my hands full at the moment.

### そのとき君なら何て言う？

仕事の依頼をいただくが、
他の仕事で手いっぱいで、やむなく断る

**ポイント▶** as much as 〜（できることなら〜）からはじめる

---

断る際に理由をちゃんと付ける

**ポイント▶** unfortunately（あいにく）で切りだす

---

他の仕事仲間を紹介してあげる

**ポイント▶** just the person（ちょうどいい人）

## UNIT 6 依頼

**会話のカギ**: どうしても依頼を断らなくてはならない状況もあります。そんなときのキーワードは as much as 〜（〜の気持ちはいっぱいだけれど）、Unfortunately（あいにく）。

### 今日のぴったりフレーズ　CD-44

### **As much as** I'd like to help out, I have **my hands full** at the moment.

できれば手助けしたいのだけれど、いま手いっぱいなんだ。

**Note** 今は無理だと言いたいとき、Right now it's just not possible.（いまは無理なんだ）という表現も使えます。

### **Unfortunately**, I won't be in Japan that week.

あいにく、私はその週は日本にいないんだよ。

**Note** Regrettably も「あいにく」の意味で同じように使えます。

### I can't do it but I know just the person.

私は無理だけど、ちょうどいい人がいるわよ。

**Note** I know just the person（ちょうどいい人を知ってる）という表現をぜひ使いこなしましょう。

## シーン 38
# 仕事の段取りをすり合わせる

> Please send me three periodic updates.

### そのとき君なら何て言う?

**仕事の依頼内容を分かりやすく伝えたい**
**（ポイントを２つに分けて）**

**ポイント▶** there are 〜（〜がある）を使う

**キリのいいところで、**
**３回程度（３段階）に分けて**
**送ってほしいと言う**

**ポイント▶** period（終わり、キリ）という発想でシャープに

**締切までは時間があるけれど、**
**少しでも早くやってもらえると助かる**
**と言う**

**ポイント▶** ＜比較級 er, 比較級 er＞の構文で「早ければ早いほどいい」

## UNIT 6　依頼

**会話のカギ**　依頼した仕事について、細かい点をつめるときの便利な表現を3つご紹介します。キーワードは periodic updates（キリのいいところ）、deadline（締切）。

### 今日のぴったりフレーズ　CD-45

### So basically there are **two things** that I'd like for you to do.

私があなたにやってもらいたいことは、根本的に2つです。

> **Note** 複雑なものは2、3のポイントに分けて示すのも良い手法です。

### Please send me **three periodic updates**.

> **Note** まとめて全部を請求するより、定期的に小分けにして順次送ってもらう方が確認作業が早く回る場合があります。

### The deadline is not until next year but **the sooner** it's finished, **the better**.

締切は来年まであるけど、早く終わらせたらより助かります。

> **Note** 締切より早く仕上がるなんて、素晴らしい仕事ぶりです。The cut-off date is ~（締切は~まで）という表現も同じように使えます。

## シーン39 スケジュールの変更

**Tell me how things are going.**

### そのとき君なら何て言う？

依頼した仕事のスケジュールが変更に!?
いったん作業の手を止めるよう伝える

**ポイント▶** halt（手を止める）を使う

---

確認のため、
依頼した仕事の最初の一部を
一度見せてほしいと頼む

**ポイント▶** Would you 〜（〜していただけますか）で切りだす

---

締切がせまってきてちょっと不安…
仕事のじゃましてわるいけど、
進捗を確認したいと電話する

**ポイント▶** 進捗具合を聞きだすには how がぴったり

## UNIT 6 依頼

> **会話のカギ**　依頼した仕事の進捗状況を聞いたり、スケジュールの変更を伝えたりすることはよくあります。キーワードは timetable（時間割＝スケジュール）。

### 今日のぴったりフレーズ　CD-46

### The timetable is now different? Then we will have to **halt** production.

時間割が違うだって？それじゃ、生産を止めなきゃ。

**Note** 緊急事態です。halt は他動詞で「止める」という意味。「スケジュールが変更になったって？」の別例は There's been a schedule change? です。

### Would you **demonstrate the first section** for me?

最初の一部を一度見せていただけますか？

**Note** 見本を一度もチェックせずに作業を進行させるのはリスクがあります。完成品がイメージと違ったら元も子もありませんから。demonstrate（実演）を使いましょう。

### Tell me **how things are going**.

進捗を教えて。

**Note** 他にも I don't mean to micromanage but please update me on the status.（細かく見るわけじゃないけど、近況を教えて）という言い方も GOOD です。

## シーン 40
## 部下に指示を出す

> Find out what time the last train for New York leaves tonight.

### そのとき君なら何て言う？

---

出張に必要な書類を
まとめておいてくれるよう頼む

**ポイント▶** help ＋代名詞＋動詞の原型（〜するのを手伝って）

---

出張先の交通事情を調べるよう頼む

**ポイント▶** find out（明らかにする＝調べる）を使う

---

接待に使えそうな料亭を探してもらう

**ポイント▶** find（見つける）を使って「探して」を表す

## UNIT 6　依頼

**会話のカギ**　部下に仕事を依頼するときの表現をまとめました。キーワードは find out（調べる）です。

### 今日のぴったりフレーズ　CD-47

### **Help me prepare** the documents for my business trip.

出張の資料作りを手伝ってくれ。

**Note** Help me を言った後に、どういうことを手伝ってほしいのか具体的な内容を続けて言えると良いでしょう。

### Ms. Rodriguez, **find out** what time the last train for New York leaves tonight.

ロドリゲスさん、今夜ニューヨークを出発する最終列車の時間を調べて。

**Note** find out（調べる）という表現はよく使います。Check the flight schedule.（飛行機のスケジュールを調べておいて）という言い方も GOOD。

### Cindy, **please find** a good Japanese restaurant to take our clients.

シンディー、クライアントが食事をとるのに良さそうな日本料理の店を探してください。

**Note** こういう場面では please find ~（~を探してください）というシンプルな表現がわかりやすい！

## シーン 41
## 部下から相談される

> It doesn't have to be finished today.

**そのとき君なら何て言う?**

その仕事は今日中に終わらせる
必要はない、と安心させる

**ポイント ▶** not + have to のシンプル表現でOK

---

その会ではフォーマルな服装を
着てこなくても構わないと伝える

**ポイント ▶** black-tie（ドレスコード）を使う

---

その国ではビザの申請が
免除されていることを教える

**ポイント ▶** 免除＝要求されない

UNIT 6　依頼

**会話のカギ**　経験の浅い部下は少しの仕事の遅れも不安に思いがち。部下のパフォーマンスを上げるためにも、何か良いひとことが言えるといいでしょう。

## 今日のぴったりフレーズ　CD-48

### Don't worry. **It doesn't have to be finished** today.

心配ないよ。それは今日中に終わらせなくてもいいんだ。

> **Note** 速さよりも質、という場合は、There's no rush to get it done. Quality is most important.（それは急ぎません。品質が最も重要です）もいいですね。

### No, it's not a **black-tie event**.

いいえ、ドレスコードがあるイベントではありません。

> **Note** black-tie とはドレスコード（フォーマルウエア）のこと。A regular suit and tie will be fine.（普段のスーツとネクタイで OK）というパーティーも多い。

### A visa is **not required**.

ビザは必要ありません。

> **Note** 他にもこう言えます。Japanese citizens don't need a visa to visit that country.（日本人はその国に訪問するのにビザを必要としません）

## シーン 42
### 満足できない仕事ぶり

I had expected more from you.

---

**そのとき君なら何て言う？**

期待した仕事がでてこなかった…
いいところは褒めるが、
期待以上ではないと率直に伝える

**ポイント▶** expect（期待する）を使う

どこか手を抜いているような仕事ぶり…
こんなんじゃダメよと言う

**ポイント▶**「冗談でしょ」を英語で言うと…

もう少し余裕をもって
書類を提出してほしいと言う

**ポイント▶** wait until the last minute（ギリギリまで〜）

UNIT 6 **依頼**

**会話のカギ** 専門家に依頼したのにあまり満足できるものが出てこなかったというケースはわりとあります。キーワードは expect（期待）です。

## 今日のぴったりフレーズ　CD-49

### While it's not terrible, **I had expected more** from you.

わるくないんだけど、あなたにはもっと期待してたんだ。

**Note** 仕事をしているとよくあるシーンです。I had high hopes of you.（期待が大きかった）と付け足してもいいでしょう。

### **This is it?** You're kidding.

これでおしまい？　冗談でしょ。

**Note** お金をもらう以上、仕事に手を抜いてはいけません。

### **Don't wait until the last minute** to submit the documents.

もう少し余裕をもって書類を提出してほしい。

**Note** last minute は「直前」「土壇場」の意味があります。

119

しごとの名言⑥

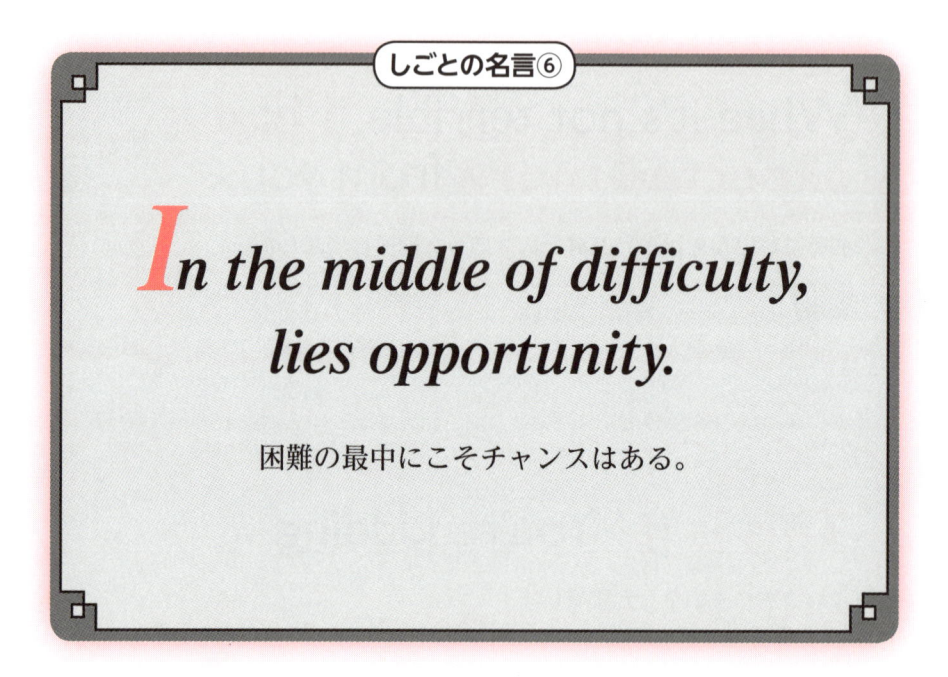

*In the middle of difficulty,
lies opportunity.*

困難の最中にこそチャンスはある。

by **Albert Einstein**
(アルバート・アインシュタイン：科学者)
*1879–1955*

# UNIT 7
# 催促・相談

- シーン43　書類を催促する
- シーン44　仕事相手から催促される
- シーン45　取引相手に相談する
- シーン46　ミスの原因を調査する
- シーン47　部下に指示を出す
- シーン48　急に助っ人が必要に…
- シーン49　アイデアが出ない…

**まずはここから**

# 進捗うかがいは【ずーっと待っています】を強調する

CD-50

> もうすでに長く待っていることを伝えれば、それは早く出してほしいというサインになります。難しい催促の言い方を覚える前に、まずは「ずっと待っています」が言えるようになりましょう。

## ダイレクトな言い方トップ３

**第１位**

**I am waiting for your project proposal.**
（あなたの企画書を待っています）

**第２位**

**Have you submitted your application form to me yet?**
（もう申込書を送ってくれましたか?）

**第３位**

**What's the progress on the arrangement?**
（手配の進捗状況はどうですか?）

UNIT 7 催促・相談

**まずはここから**

# 相談は和製英語にもなっている【アドバイス】でOK

誰かに相談したり、助言をもらいたいときは、おなじみの advice が和製英語の日本語と同じ感覚で使えます。

## 助言をもらう言い方トップ3

**第1位**
**Can I ask your advice?**
（アドバイスがほしいんだけど）

**第2位**
**I need some advice.**
（アドバイスが必要なんです）

**第3位**
**Could you give me some advice?**
（ちょっとお知恵を拝借願えますか?）

⇒ **肯定的な受け答え**
**Why don't you look at it from another angle?**
（別の角度から見てみれば?）

⇒ **否定的な受け答え**
**I see no options.** （他に何も思いつきません）

123

## シーン 43
# 書類を催促する

> When can you guarantee delivery?

**そのとき君なら何て言う?**

請求書が期限をすぎても届かない。
至急送ってもらうよう催促したい。

**ポイント** ▶ past the deadline（締切が過ぎる）を使う

催促してもまだ届かない。
今度は強めに催促したい。

**ポイント** ▶ もう一度（二度も）催促していることを伝える

「急かして申し訳ないけど」
と付けて催促したい。

**ポイント** ▶ invoice（請求書）

## UNIT 7　催促・相談

**会話のカギ**　来るべきものが来ないと仕事になりません。毅然とした態度で immediately（すぐに）、guarantee（保証する）というキーワードを使いましょう。

### 今日のぴったりフレーズ　CD-51

## We don't have your invoice. It's **past the deadline**. Please send it to us **immediately**.

まだ請求書を受け取っていません。期限が過ぎています。すぐに送ってください。

**Note**　immediately（すぐに）を使いましょう。

## I'm **asking again**, when can you **guarantee** delivery?

再度お聞きします。確実に配達できるのはいつですか？

**Note**　こういう場合は、guarantee（保証する）という動詞を使って、強く催促することができます。When exactly will it reach me?（間違いなく届くのは具体的にいつですか？）という言い方もできますね。

## Sorry for **the rush** but could you send us the invoice **at your earliest**?

急かして申し訳ないけど、できるだけ早く請求書を送っていただけますか？

**Note**　at your earliest（できるだけ早く）は留守番電話のメッセージによく使われるフレーズですね。Please get back to me at your earliest convenience.（都合がつきしだいコールバックをちょうだい）もよく使います。

**シーン 44**

# 仕事相手から催促される

> Please give us one more day.

## そのとき君なら何て言う?

> 取引先から催促のメールが！
> 「もう1日待ってください」と
> お願いする。

**ポイント** ▶ give（与える）を使う

> 約束の日に原稿が間に合わない…
> あと2日、
> 時間をもらえないかと相談する。

**ポイント** ▶ extend（延ばす）を使う

> 催促の電話。
> 完成のめどはついている。
> 心配しなくていいと伝える。

**ポイント** ▶ go well（うまくいく）を使う

UNIT 7 催促・相談

> **会話のカギ** 締切を延ばしたときのキーワードは「give 〜 more 〜」や「extend the deadline」が使えます。

## 今日のぴったりフレーズ　CD-52

### Please **give** us one more day.

もう1日ください。

**Note** シンプルにお願いする場合は上の表現がベストでしょう。We promise to have everything ready by tomorrow.（明日までにはすべて用意することを約束します）という表現もよく聞きます。

### Would it be possible to **extend the deadline** by two days?

あと2日締切を伸ばすことは可能でしょうか？

**Note** 「2日ください」と言いきるときは、Please give me a couple of more days to finish it. でも OK です。

### Things are **going well**.

うまく行っている。

**Note** この後に Please rest assured that everything is on schedule.（すべて予定どおりなので安心してください）と続けるとよいでしょう。rest assured で「安心する」の意味。

**シーン 45**
# 取引相手に相談する

> I anticipate a three-day delay.

## そのとき君なら何て言う？

> 大雪で部品のパーツが遅れた…
> それにともない納期も遅れる
> 可能性があると取引先に伝える

**ポイント ▶** delay（遅れ）という単語をパッと思い浮かべよう

> 締切に間に合わない…
> アイデアが行き詰まっていると
> 伝えたい

**ポイント ▶** out of ideas（アイデアがない）を使う

> 2つのうちどちらかで
> 迷っていると相談したい

**ポイント ▶** 決めかねている、と言う

UNIT 7　催促・相談

**会話のカギ**　台風や雪などやむを得ない事情で予定が遅れることはあります。delay（遅れ）、postpone（延期）などキーワードを駆使して説明しましょう。

## 今日のぴったりフレーズ　CD-53

### I anticipate **a three-day delay** in getting the final product to you.

完成品が届くのは3日ほど遅れる見込みです。

**Note** anticipate（見込む、予想する）という動詞が活躍する場面です。

### I'm **out of ideas**. I have to ask you to **postpone** the publication.

アイデアが煮詰まっています。出版の延期を求めなければならない。

**Note** スランプにおちいっている場合、たとえば I'm experiencing writer's block.（書けない状態です）と、writer's block（書くことができない）という表現を使うこともできます。

### I can't decide **between** A **and** B.

AとBで決めかねています。

**Note** こういう場合は between ～ and ～が使えます。他にも重さを測る weigh を使って、I'm weighing which is better, A or B.（AとB、どっちを重視すべきか迷っている）と言えます。

129

## シーン 46

# 締切に間に合わすために…

> Let's decide who can do what.

### そのとき君なら何て言う?

締切がせまり、
チームで残りの作業を分担したい…
誰が何をやるかを決めたい

**ポイント** ▶ 誰が who、何を what、やるか do

作業を分担したい…
それぞれの目標を設定

**ポイント** ▶ goal（目標）を set（設定する）

作業を分担したい…時間配分を設定

**ポイント** ▶ 誰（どのチーム）がどの時間帯の勤務になるかを具体的に告げる

## UNIT 7　催促・相談

**会話のカギ**　リーダーがチームをまとめ、指揮をとります。Let's decide ～（～を決めよう）、set ～ goal（目標を設定する）などキーフレーズが登場します。

### 今日のぴったりフレーズ　CD-54

## Let's decide **who can do what**.

誰が何をやるかを決めよう。

**Note**　疑問詞が2つ入るユニークな表現ですが、このシーンにはぴったりです。To meet our commitment, we'll work in small teams.（締切に間に合わせるために私たちは小さなチームになろう）という言い方もあります。

## Each section will **set** reachable **goals**.

それぞれの作業に到達可能な目標を設定しよう。

**Note**　締切にも色々な言い方があります。Every team will meet their deadlines.（すべてのチームに締切を設定しよう）でもシンプルでいいでしょう。

## Team A, you'll work **the morning shift**.

チームAは朝の勤務になります。

**Note**　勤務時間が朝・日中・夜などで区切られ、社員がそれぞれに配置される職場もあります。ビジネスではそのような時間帯のことを shift（交替時間）という語を使って表現します。

シーン **47**

## ミスの原因を調査する

Let's retrace our steps.

> そのとき君なら何て言う?

> 製品に不具合が見つかった！
> 何がいけなかったのか、
> 仕事の手順をもう一度振り返りたい

**ポイント** ▶ defect（欠陥）、retrace（工程をさかのぼって点検する）を使う

> 過去のテスト結果を集め、分析したい

**ポイント** ▶ 点検するべきだと言う

> すぐに関係各社に知らせたい

**ポイント** ▶ imform（知らせる）を使う

## UNIT 7　催促・相談

**会話のカギ**　ミスの原因を調査するには、それぞれの作業工程（steps）を振り返る必要があります。

### 今日のぴったりフレーズ　CD-55

## A **defect** has been found. Let's **retrace** our steps.

欠陥が見つかった。もう一度、工程をさかのぼってみよう。

**Note** retrace は re（再び）＋ trace（足跡）で、「再び跡を追う＝さかのぼる」という意味で使えます。

## We should **go over** our test data again.

試験データをもう一度集めるべきだ。

**Note** go over で「点検する」という意味があります。Many users are reporting errors.（たくさんの利用者が不具合を報告している）ときこそ、迅速に対応できるかどうか。ビジネスではとても重要です。

## We must **inform** our subsidiaries right away.

すぐに関係各社に知らせなければならない。

**Note** subsidiaries（子会社など）という単語が使えるかどうかがポイントです。Let everyone know ASAP.（一刻も早く皆に知らせよう）と as soon as possible の頭文字をとったASAP もよく使います。読み方は「エイサップ」または「エイ・エス・エイ・ピー」。

## シーン 48
## 急に助っ人が必要に…

> You're the only one who can save us.

**そのとき君なら何て言う？**

### 無理は承知しているが手を貸してほしいと伝える

**ポイント ▶** lend us a hand（私たちに手を貸して）を使う

### 君しかいないんだと強くお願いする

**ポイント ▶** only one（ただ一人）を使って、関係代名詞 who でつなげる

### 倍額払うから何とか手伝ってくれと伝える

**ポイント ▶** 報酬など金額の話はきっちり確約したほうが仕事をしてもらいやすい

UNIT 7 催促・相談

**会話の カギ** 切羽詰まった状況で、どうしても助っ人が必要という場合、We're willing to pay ～（～を払う用意がある）と対価を提示するのも一つの手です。

## 今日のぴったりフレーズ　CD-56

### I know **this is asking a lot** but could you lend us a hand?

無理は承知していますが、手を貸していただけませんか？

**Note** asking a lot は「多くを要求している→無茶をお願いしている」という意味です。

### **You're the only one** who can save us.

私たちを助けられるのは君だけなんだ。

**Note** こんなことを言われてしまうと断るのも難しくなります。にっちもさっちもいかず仕事が終わらないときは、There's no way we can finish this.（これを終わらせる方法がもうない）→君だけなんだ、とつなげます。

### We're willing to **pay double** for anyone who can come to our aid.

助けてくれる人には2倍の報酬を払いましょう。

**Note** 強めの意思を明確に言葉にするとき、We're willing to ～（～するつもりです）という表現が使えます。「2倍支払う」は pay double でもOKです。

シーン **49**

# アイデアが出ない…

I'm drawing a blank.

## そのとき君なら何て言う?

いいアイデアが何一つ思いつかない…
と正直に言って助けを求める

**ポイント▶** 比喩的な表現も英語ではよく使う

アイデアが多すぎて絞り込めず、
第3者の意見を求める

**ポイント▶** 「多すぎる」という表現にもいろいろある

メリットとデメリットを
具体的に紙に書き出してみてはどうか
と助言する

**ポイント▶** How about 〜 ing（〜してはどうか）で始める

# UNIT 7 催促・相談

> **会話のカギ**
> アイデアが出ないときは一人で悩まず、誰かに相談してみるのも良いでしょう。相談された方は How about ~（~するのはどうでしょう）と切り出します。

## 今日のぴったりフレーズ

CD-57

## I'm **drawing a blank**. Help me!

何一ついいアイデアが浮かばない（真っ白だ）。助けて！

**Note** クリエーター職にはよくあるシーン。I'm stuck. I need inspiration.（にっちもさっちもいかない。インスピレーションが必要だ）もいいですね。stuck は stick（くっつく）の過去分詞形です。sticky（ねばねば、粘着）が連想できれば合点いくでしょう。

## I've got **tons of ideas**. What do you think?

アイデアが多すぎる。君はどう思う？

**Note** tons of ~で「たくさん~」という意味です。他にも So there are a million things I could do!（選択肢が山ほどある）という表現もできます。

## How about making a list of **pros and cons**?

メリットとデメリットのリストを作ってはどうでしょう？

**Note** 他にもこんな言い方ができますよ。If I were you, I'd write out the positives and negatives.（私だったら、メリットとデメリットを書きだしてみるでしょうね）

しごとの名言⑦

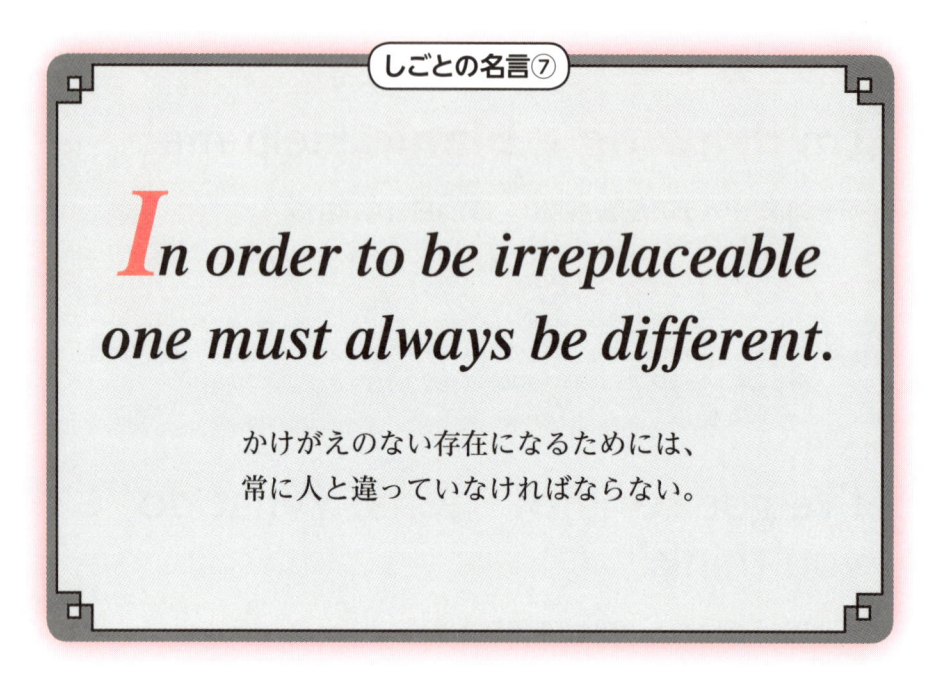

# *I*n order to be irreplaceable one must always be different.

かけがえのない存在になるためには、
常に人と違っていなければならない。

by **Coco Chanel**
（ココ・シャネル：ファッションデザイナー）
*1883–1971*

# UNIT 8
# 商 談

- シーン 50　自社のことを知ってもらう
- シーン 51　製品（商品）を知ってもらう
- シーン 52　商談中の駆け引き
- シーン 53　書類に計算上のミスが…
- シーン 54　交渉が成立しそう…
- シーン 55　取引条件の要望
- シーン 56　商談は食事とともに

## まずはここから

# 商談は【ファーストコンタクト】からはじまっています

**CD-58**

> まずは具体的な話し合いの場面に入る前の基本的なやりとりを学んでおきましょう。

### チェック① キーフレーズで見る商談前の流れ❶

**受付で**

Hello. **I'd like to see** Mr. Thompson in the sales department.
（こんにちは。営業部のトンプソンさんにお会いしたいのですが）

**約束している**

**I have an appointment** with him at 1 o'clock.
（1時に彼とお約束しております）

**確認がとれる**

Mr. Thompson **is expecting you**.
（トンプソンがお待ちしております）

> **Note** expect は「期待する」という意味ですが、待っているニュアンスを込めて使われます。

**案内してもらう**

Please come **this way**.
（どうぞこちらへ）

UNIT 8 商談

## チェック② キーフレーズで見る商談前の流れ❷

**会議室に入って**

### Please have a seat.
(どうぞおかけください)

**飲み物を勧められる**

### Would you like something to drink?
(何かお飲み物はいかがですか?)

> **Note** そして続けて We have coffee and tea. と言われることが多いので、たとえば Coffee, please. と返しましょう。

**商談相手が来る**

### Mr. Thompson will come soon.
(すぐにトンプソンが参ります)

**商談相手と面会**

### Thank you for waiting.
(お待たせしました)

> **Note** それほど待たせていなくても、こう言うことが多いです。

シーン **50**

# 自社のことを知ってもらう

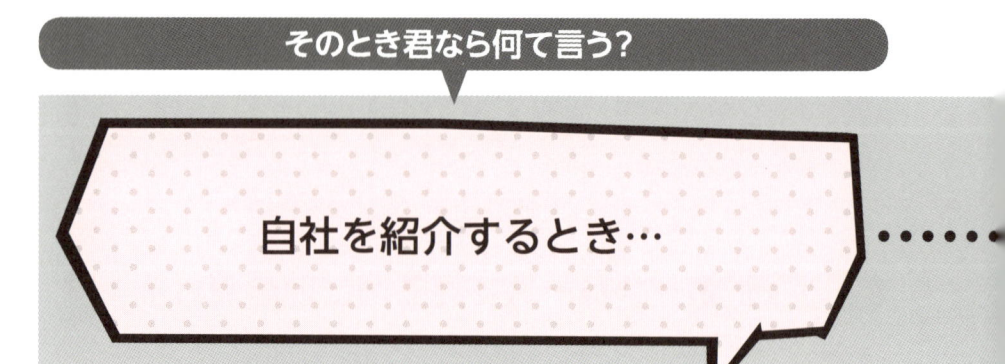

Let me talk about our company.

そのとき君なら何て言う?

自社を紹介するとき…

**ポイント**▶「〜させて」のLet me 〜で切り出す

社員の数と年商を伝えるとき…

**ポイント**▶「年商」を英語で言うと…

商品の特長を説明するとき…

**ポイント**▶「特長」を英語で言うと…

## UNIT 8 商談

**会話のカギ** 商談のはじめの一歩は自社紹介。「当社は〜」と言うときは We are 〜、We have 〜という切り出し方が使えます。P.193 〜の単語もチェックしましょう。

### 今日のぴったりフレーズ CD-59

### Let me **talk about** our company.

当社のことを説明させてください。

**Note** 他にも、Let me briefly explain our company.（当社を簡単に説明させてください）もよく使います。talk about を introduce にしても OK。

### **We have** about 200 workers. **Our annual sales** are 6 billion yen.

社員数は約200人で、年商は60億円です。

**Note** We have 400 full time staff and 200 part-timers.（400人の正社員と200人のパートタイム社員がいます）という言い方もあります。

### There are **various special features** that are easy to use.

さまざまな使いやすい特質があります。

**Note** 特長、特徴（づけるもの）、特性を表す英単語は feature です。動詞では雑誌記事などで「〜を特集する」という意味でもよく使います。

## シーン 51
## 製品（商品）を知ってもらう

> You can reduce your production costs by 20%.

### そのとき君なら何て言う？

製品の保証・アフターサービスを説明したい…

**ポイント▶** この製品は〜を持っている、と言う

アフターサービスを強調したい…

**ポイント▶** Within を使う

この製品を使うことのメリットを指摘したい…

**ポイント▶** You can ではじめる

UNIT 8 商談

**会話の カギ** 商談の二歩目は商品・サービスの紹介です。その商品・サービスを利用すれば「You can ～」（～ができます）という伝え方がスマートです。

## 今日のぴったりフレーズ

CD-60

### These products **have a three-year warranty**.

これらの製品は3年間の保証付きです。

**Note** 海外の電気店に行くと、Free 3 Year Warranty（3年間無料保証）などと印刷された宣伝をよく見かけます。

### **Within the warranty period**, repairs are free.

保証期間内の修理は無料です。

**Note** 「～期間内」は within を使うと簡単です。

### **You can** reduce your production costs by 20 persent.

生産コストを 20％下げることができます。

**Note** 「～コスト」は基本的に複数形として costs にします。同じく「費用」という意味の expense も business expenses（必要経費）、transportation expenses（交通費）などsを付けます。

# シーン 52
## 商談中の駆け引き

> Oh, that's way out of our range.

### そのとき君なら何て言う?

> この値段でいかがでしょうか、と強気で攻める

**ポイント▶** give を使って「提示金額を与える」という表現に

> あいにくだが、その値段では話にならないと突っぱねる

**ポイント▶** 話が可能な想定範囲は range で表現できる

> 残念だが、互いの希望に隔たりがあると率直に意見を言う

**ポイント▶** I don't think 〜（〜とは思えない）ではじめる

## UNIT 8 商談

**会話のカギ** どこまで譲れるか、どこまで切り込むか。商談には駆け引きがつきものです。our range（我々の想定範囲）、agreement（合意）などがキーワード。

### 今日のぴったりフレーズ　CD-61

### I can give it to you for $49.00.

49ドルを提案します。

**Note** give it to you ~は「あなたに~をあげる」という意味で使いますが、取引先の要望に比較的寄りそった価格を提示する際にも使います。

### Oh, that's way out of our range.

うーん、それは我々の想定からかなり外れます。

**Note** 価格交渉にも上限下限というものあります。宣伝的メリットもなく利益にもならない価格設定では商売はできません。You drive a hard bargain! I'm afraid that's not a possibility.（その値段はキツすぎるよ。わるいけど無理だ）

### I don't think we're going to reach an agreement.

合意に達する見込みはなさそうです。

**Note** 残念ながら互いの希望がそり合わず、商談を断念するシーン。Thank you for your time. Maybe we'll be in touch again someday.（時間をとってくれてありがとう。まいつかご縁がありましたら）と取引から去っていく人もいるでしょう。

## シーン 53

# 書類に計算上のミスが…

> These numbers don't add up.

### そのとき君なら何て言う?

**その場に相手を待たせ、確認したいとき**

**ポイント▶** 数字が間違っている事実を伝え、待ってもらう表現

**後日しっかり確認してから返事すると伝える**

**ポイント▶** 「折り返し連絡する」を get back で言う

**それを整合する資料があいにく手元にないと伝える**

**ポイント▶** check（確かめる）以外にもこのシーンと相性のいい単語がある

## UNIT 8 商談

**会話のカギ** ビジネスにおいて数字の確認は厳しい目でチェックされます。crunch、verify など「調べる」の意のキーワードの使い方をマスターしましょう。

### 今日のぴったりフレーズ　CD-62

> These numbers don't add up. **Excuse me for one moment**.
>
> 数字が合っていない。少しお待ちください。

**Note** add up で「計算が合う」という意味があります。もっと簡単に Oh, something is wrong with this number.（あら、この数字まちがっているわ）と言ってもいいでしょう。

> Let me **crunch** them again and **get back** with you first thing tomorrow.
>
> 再度きっちり確認して明日一番に改めてお知らせします。

**Note** crunch は「バリバリ、ボリボリ食べる」という意味ですが、crunch the number で「分析する（計算する）」という意味があり、その意味のまま crunch だけを取って上の例文のように使われます。

> I left the documents at the office so I cannot **verify** this right now.
>
> 書類を会社に置いてきたので、いますぐには確かめられません。

**Note** 単に確認するなら check も使えますが、正しいかどうか確認するときは verify がしっくりきます。

# シーン 54

## 交渉が成立しそう…

> We have a deal.

**そのとき君なら何て言う？**

でも、ネックになっているのは送料で
…とあとひと押し、
送料負担を相手に求める

**ポイント** ▶ we have a deal（合意する＝我々は取引する）
が使える

でも、ネックになっているのは時間で
…と締切を伸ばす

**ポイント** ▶「あと〜の時間がほしい」と伝える

でも、結論を出す前に
現場の空きスケジュールを確認する
と伝える

**ポイント** ▶ Before（〜の前に）で始める

UNIT 8 商談

**会話のカギ** 商談成立まであと少し…という段階が実は一番壁が高い。If ～（～なら）と新たな条件を示したり、もう少し時間をくださいと求めたりする表現を紹介します。

## 今日のぴったりフレーズ　CD-63

### If you will **shoulder** the shipping costs, we **have a deal**.

もし送料を負担していただけるなら、私たちは取引します。

**Note** 大枠の金額では競合他社が肩を並べている。でもあと少し何かで他社と差をつけてくれれば…という交渉シーン。shoulder は肩にかつぐという意味合いから「負担する」と言いたいときに使います。

### Could you **give** us one more week?

あと1週間いただけますか？

**Note** ストレートにもう1週間ほしいという表現です。Would you be receptive to October 23rd?（10月23日というので、受け入れていただけますか？）という丁寧な言い方もあります。

### **Before** I sign on the dotted line I want to make certain one thing.

書名の前に1つ確かめたいことがあります。

**Note** dotted line とは「点線」のことです。契約書の署名欄には点線が付いている事が多いためです。

シーン **55**

# 取引条件の要望

Could you also take care of insurance?

そのとき君なら何て言う？

運送方法をリクエストする

**ポイント ▶** by を使う

荷物に保険を付けてもらいたい…

**ポイント ▶** 取り計らって、と言う

自社の支払い条件でお願いしたい…

**ポイント ▶** 私たちはいつもこうしている、ではじめる

UNIT 8 商談

**会話のカギ** 商品の輸出入については運搬方法も重要な取引条件。Could you 〜 ? という依頼の基本形を使って有利な条件を相手に求めます。

## 今日のぴったりフレーズ　CD-64

### Could you send them to us **by airmail**?

航空便で送っていただけますか？

**Note** by air と省略しても OK です。「船便」は by sea と言います。

### Could you also **take care of** insurance?

保険を付けていただけますか？

**Note** take care of 〜は「〜の世話をする、面倒を見る、引き受ける」で習った方もいらっしゃるでしょう。それと同じニュアンスで、保険を「世話してほしい→付けてほしい」となります。

### About payment, **we usually** close the accounts at the end of the month and make the payment at the end of the following month.

支払い条件について、通常私どもは月末締め翌月末支払いでお願いしております。

**Note** 会社で定められた条件を相手に伝える場合、We usually 〜ではじめると分かりやすいです。

153

シーン 56

# 商談は食事とともに

Please let me get that.

## そのとき君なら何て言う?

取引先と会食。和食か
イタリアンかどっちがいい？と聞かれた
…どっちでもいいと答えるには

**ポイント ▶** あなたにお任せします、と言う

もうお腹いっぱい！
会食でさらに食事を進められるが、
断りたい…

**ポイント ▶** Thank you but 〜と、感謝の意を示してから断る

お会計で支払おうとする取引相手に
「今日はこちらで…」と支払いたい

**ポイント ▶** get の幅広い用途

## UNIT 8 商談

**会話のカギ** 商談は食事をしながら行われることもよくあります。どんな食事がいいのか、会計はどちらが払うのかなどよく使う表現を3つ紹介します。

### 今日のぴったりフレーズ　CD-65

### Both of them sound good. I'll **leave it up** to you.

どちらもいいですね。あなたにお任せします。

**Note** leave it up to ~で「~に任せる」という意味があります。いきなりあなたに任せると投げやりに言うのではなく、Both of them sound good. をつけるのがポイントです。

### **I've had more than enough.** Thank you but I'll stop here.

もう十分です。ありがとう、でもここでストップします。

**Note** 誰だって食べる量には限界があります。我慢せず、本当のことを伝えましょう。「お腹いっぱい」という表現には、I'm stuffed!、I'm full! などが他にも使えます。ちなみに stuff は「詰める」という意味で、お腹に食物が詰まっていることを示します。

### Please **let me get that**.

今日はこちらで…

**Note** しごと上の会食では支払いをどちらがするのかは意外に気をつかいます。honor（名誉・面目）という単語を使って、Let me do the honors tonight.（今夜は私に敬意を表わさせてください→おごらせてください）と言う表現も多く使われています。

**しごとの名言⑧**

*Everybody has talent, it's just a matter of moving around until you've discovered what it is.*

すべての人は才能を持っている。
問題はただ、
それが何かを見つけるまで動き回るかどうかである。

by **George Lucas**
（ジョージ・ルーカス：映画監督）
*1944–*

# UNIT 9
# 会議

- シーン57 会議をはじめる
- シーン58 会議を進行させる
- シーン59 賛成か反対か、それとも…
- シーン60 結論がまとまった、割れた
- シーン61 新しい提案があるとき
- シーン62 まもなく終了時刻に…
- シーン63 質疑応答の時間

まずはここから

# 会議は【進行役の気配り】がすべて

CD-66

本編で具体的な言い方を学ぶ前に、ここでは会議のひととおりの流れをキーフレーズで見ていきましょう。

### チェック① キーフレーズで見る会議の流れ❶

**はじめのあいさつ**

## Good morning, everybody.
（みなさん、おはようございます）

## Good afternoon, everybody.
（みなさん、こんにちは）

**Note** Hello よりも Good ～のほうが会議には適しています。

**はじめましょう！**

## Shall we get started?
（はじめましょうか？）

**議題の説明**

## We're here today to discuss the new project.
（本日お集まりいただきましたのは新しいプロジェクトについて話し合うためです）

UNIT 9 **会議**

### チェック② キーフレーズで見る会議の流れ❷

**次の議題へ進む**

## Let's **go on to** the next project.
（次の企画に移りましょう）

**意見を求める**

## Has anyone got **any comments** on that?
（その点についてどなたかご意見は？）

**議題の締めくくる**

## I think that **covers everything**.
（議題は以上です）

**会議を終了する**

## So, **that's it** then. The meeting is **adjourned**.
（ということで、こんなところでしょうか。会議を終了します）

> **Note** that's it は「これで全部ですね」という意味合いで社内の会議でよく使われます。フォーマルな場では That's all for today. と言います。

**シーン 57**

# 会議をはじめる

Are there any questions?

そのとき君なら何て言う？

今日の会議の目的を
最初に述べる言い方。

**ポイント ▶** 参加者の注意をこちらに向ける

プレゼンを聞き、
参加者の意見を求める。

**ポイント ▶** シンプルの定番表現で

質問がある場合は…

**ポイント ▶**「質問」は英語で何て言う？

## UNIT 9 会議

**会話のカギ**　会議の基本は質疑応答です。司会係の人は参加者の attention（注意）をしっかり引きつつ、議題を解決するための question（質問）を引き出しましょう。

### 今日のぴったりフレーズ　CD-67

## May I have **your attention**, please.

皆さん、よろしいでしょうか。

**Note** この後、We're here today to discuss ~「~を議論するために集まりました」という言い方で会議の幕を上げることが多いです。

## Are there **any questions**?

何かご質問はありますか？

**Note** The floor is open.（発言をどうぞ）という言い方もあります。

## **I have a** question.

質問があります。

**Note** シンプルな表現です。早口の人からは「アハヴァ・クエッション」と聞こえるでしょう。

## シーン 58
## 会議を進行させる

> Let's get down to business.

**そのとき君なら何て言う?**

会議中、相手の話が
どんどん主題からそれていく。
うまく本題に入りたい…

**ポイント▶** 定番表現を使う

相手が何を言っているのか分からない。
さらに説明を求めるには。

**ポイント▶** さらに、は何で表すか?

専門用語を知らないメンバーのために、
わかりやすい説明を求めるには。

**ポイント▶** 専門用語を使わないように促す言い方

## UNIT 9 会議

**会話のカギ**　意見が活発に飛び交うのはいいのですが、どうも主題から外れている…そんなときは次の基本表現でピシャリと本題に戻しましょう。

### 今日のぴったりフレーズ　CD-68

### Let's **get down to** business.

それでは本題に入りましょう。

**Note**　スモールトークや雑談のあとに、いよいよ本題について話し合いましょうというとき、使える便利な表現です。

### Could you **explain further**?

もう少し説明していただけますか？

**Note**　further は far（遠く）の比較級で、「もっと先へ」「さらに遠く」を意味します。この場合は、説明をもっと深く掘り下げて、というニュアンスですね。

### Let's **refrain from** using too much **jargon**.

専門用語ばかりを使うのをやめましょう。

**Note**　jargon は「専門語、ちんぷんかんぷんな言葉」を表します。because we've got people from other departments joining us today.（今日は他部署の人たちも参加していますから）と付け加えてもいいでしょう。

シーン **59**

## 賛成か反対か、それとも…

I second that.

> そのとき君なら何て言う？

賛成だと告げたいときは…

**ポイント** ▶ 前置詞に注意

発言者の意見に納得したら…

**ポイント** ▶ 支持します、を英語で言うと…

発言者の意見に反対だと言いたい…

**ポイント** ▶ 自分がどういうスタンスに立つか

UNIT 9 　会議

**会話の カギ**　会議で発言者の意見に賛成するときや反対するときの表現です。ひとことで賛成か反対の意を唱え、通常その理由を説明します。

## 今日のぴったりフレーズ　CD-69

### I **agree with** that plan.

その案に賛成します。

**Note**　agree with ～で「～意見に同意する、賛成である」を表します。「少しためらいがあるけど賛成する」と言う場合は、agree with reservation を使います。

### I **second** that.

私は支持します。

**Note**　この second は動詞で、「賛成する、支持する」という意味です。もともとは会議や議会で使われる表現でしたが、いまではウィットに富んだ一般の会話でもよく使われます。

### I'm **against** your opinion.

あなたの意見に反対です。

**Note**　会議などで人の意見に反対するときの定番表現です。私の立ち位置は「あなたの意見」の反対側です、と覚えると口からパッとでてくるようになります。

## シーン 60

# 結論がまとまった、割れた

Are we all in agreement?

**そのとき君なら何て言う?**

出席者に「みなさん納得ですね」と念押しするには。

**ポイント ▶** 「私たちは皆、同意の中にいる」と言う

結論が割れた。
「来週もう一度、この議題について話し合おう」と言う。

**ポイント ▶** discuss は他動詞（前置詞は要らない）

結論がまとまらない。
「いったん休憩を入れよう」と言いたい。

**ポイント ▶** break（休憩をとる）を使う

## UNIT 9 会議

> **会話のカギ** 司会係の人がそれまでの議論をまとめるように繰り出すひとこと。Are we ～（みなさん～）、We'll ～（～しましょう）から切り出します。

### 今日のぴったりフレーズ　CD-70

### Are we all **in agreement**?

みなさん納得ですね？

**Note** もう一つよく使う表現がこちら→ So everyone is OK with the conclusion?（この結論にみなさんOKですね？）

### We'll discuss this issue **further** next week.

来週もう一度、この議題について話し合おう。

**Note** further next week（来週さらにつめる）の further を使えるようになりましょう。頭に Since we could not reach a consensus today,（今日は一致にまで到達できなかったので、）と付けてもいいでしょう。consensus は「一致、総意」という意味です。

### **Let's break** for lunch and **come back** at 1:30.

ランチ休憩にして、1:30 に戻りましょう。

**Note** 議論が煮詰まったときは休憩も必要です。reconvene（再会する）を使った表現もいいですね。Why don't we stop for now and reconvene later this afternoon?（いまは中断して午後にまた再会しましょう）

## シーン 61
# 新しい提案があるとき

> I have another idea.

### そのとき君なら何て言う？

賛成・反対が
いますぐには決められない…
考える時間がほしいと言いたい

**ポイント** ▶ I'd like ～ ではじめる

賛成でも反対でもない。
新しい提案があると伝えたい…

**ポイント** ▶ I have ～ ではじめる

自分の考えを提案したいとき…

**ポイント** ▶ I have ～ ではじめる

## UNIT 9 会議

**会話のカギ** 話し合いを続けている間に新しい提案が頭をよぎることはよくあります。こういうときは、I have ～（～があります）がスマートに伝わります。

### 今日のぴったりフレーズ　CD-71

## I'd like **a little more time** to think about it.

少し考える時間をいただきたい。

**Note** 会議中なら I'm not ready to vote yet.（投票する準備ができていない＝考える時間がほしい）という粋な表現もできますね。

## I have **another idea**.

別の案があります。

**Note** I'm neither for nor against this.（これについては賛成でも反対でもありません）こんなときは第3の道を見つけるのも意思決定の重要なプロセスです。

## I have **a suggestion**.

提案があります。

**Note** suggestion は「提案、示唆、忠告」という意味があります。Can I make a suggestion?（1つ提案してもいいでしょうか？）とも言ってもOK。

シーン **62**

# まもなく終了時刻に…

We are running short of time.

### そのとき君なら何て言う？

**会議の終了時刻がせまることを告げる**

**ポイント▶** 英語で残りが「あとわずか」というイメージを示す単語は？

**時間がないので、次の議題に移ると伝える**

**ポイント▶** 先に進む、を英語で

**途中参加の社員が入室。これまでの議論を簡単にまとめると…とその社員に伝える**

**ポイント▶** 何について話し合っているか、という継続性を示す

## UNIT 9　会議

> **会話のカギ**　複数の人間が集まる会議では参加者全員に共通する事柄を話すときに、We ～ で始まる表現を使います。

### 今日のぴったりフレーズ　CD-72

## We're **running short on** time.

あと少ししか時間がありません。

**Note** We're running short on time（時間がなくなってきた）という表現はとてもよく使います。他にも constraint（切迫する）という語を使って、Because of time constraints,（時間が迫ってきましたので）と切りだしてもいいでしょう。

## Let's **go on to** the next subject.

次の議題に進みましょう。

**Note** go on は「先へ進む、行く」という意味があります。先とはどこか。それを to ～で示します。

## **We've been discussing** the rebranding of our company.

会社のブランドの再構築について話していたところです。

**Note** こういう状況では、We've been discussing ～（～について話していたところ）という「継続」の表現がフィットしますね。

## シーン 63
## 質疑応答の時間

May I ask your opinion?

### そのとき君なら何て言う？

社員のプレゼンが終了、
参加者たちに意見・感想を促す

**ポイント▶** comments or questions（意見、質問）

とくに発言者がいないとき、
誰かに発言を求めたい

**ポイント▶** May I ～からはじめる

われ先にと意見を発言する参加者たち。
発言はお一人ずつお願いしますと言う。

**ポイント▶** 順番といえば turn をパッと思い浮かべよう

## UNIT 9 会議

**会話のカギ** | comment（批評）、opinion（意見）、quiestion（質問）。会議では通常これらの発言を求めます。

### 今日のぴったりフレーズ　CD-73

## Are there any comments or questions for Mr. Hayashi?

林さんに何かご意見ご質問はありますか？

**Note** 意見を求める場合は Are there any ~ と切りだすのがわかりやすいです。

## May I ask your opinion?

あなたの意見はどうですか？

**Note** 同じ意味で、May I have your opinion? と言っても OK です。

## Let's take turns and speak.

順番に話してください。

**Note** 司会者が順番を決める場合は、Bob, you can go first, followed by Sachiko, Nancy, Timothy, and then Margie.（ボブ、君が一番目に、次はサチコ、ナンシー、ティモシー、そしてマージーの順で）のように指示をだせます。

> しごとの名言⑨

# Stay hungry.
# Stay foolish.

ハングリーであれ。愚かであれ。

**by Steve Jobs**
（スティーブ・ジョブズ：実業家）
*1955–2011*

# UNIT 10
# 交渉

- シーン64　交渉開始！
- シーン65　論点を切り出す
- シーン66　難しい要求に対して
- シーン67　相手のオファーが気に入ったとき
- シーン68　相手のオファーがいまいち…
- シーン69　その場で即答しづらいオファー
- シーン70　商談がまとまる

**まずはここから**

# 交渉は【商品紹介】からはじめます

CD-74

> 交渉は互いの会社・商品・サービスを知ってもらった上で、具体的な取引条件をすり合わせる場です。つまり、まず相手にわが社のどこがよくて、手を組むとメリットがあるのかを分かりやすく伝えなければなりません。

**チェック①　キーフレーズで見る交渉の流れ❶**

**切り出し**

**I'd like to show** you our new product.
（当社の新製品をお見せしたいのですが）

**セールスポイントは何か**

**The best feature** of this products is its compactness.
（この商品の一番の特長はその手に収まるサイズ感です）

**誰が買うか**

Our products are **selling well among** young women in Japan.
（当社の商品は日本の若い女性にとてもよく売れています）

**Note** among を使うことで購買層を伝えることができます。

UNIT 10 　交渉

### チェック② キーフレーズで見る交渉の流れ❷

**割引はあるのか**

## Do you offer volume discounts?
（まとめて買うと割引してもらえますか?）

> **Note** volume（数量）を使って、大量に購入した場合の割引を示します。ちなみに現金で支払うことで割引をしてもらうときは a cash discount と言います。

**値切る**

## Can you lower the price?
（価格を下げてくれますか?）

**取引価格を提示**

## This is the best price we can offer.
（これが当社が提示できる精一杯の価格です）

> **Note** これ以上は値引きできないぎりぎりの価格を示します。

177

## シーン 64
## 交渉開始！

> Let me present my latest findings.

**そのとき君なら何て言う？**

> 自分の提案を切りだす
> 「こういったご提案をしたいと思ってますが…」

**ポイント ▶** I'd like 〜ではじめる

> 自分の提案を切りだす
> 「ご提案申しあげたいのは…」

**ポイント ▶** 「聞いてください」ではじめる

> 自分の提案を切りだす
> 「今日皆さんにお集まりいただきましたのは…」

**ポイント ▶** Since で切りだす言い方

## UNIT 10 交渉

**会話のカギ** 交渉の第一歩はこちらの提案を伝えること。suggestion（提案）、findings（アイデア）というキーワードとともに基本表現をチェックしてください。

### 今日のぴったりフレーズ　CD-75

## I'd like to **make a suggestion**.

私にある提案をさせてください。

**Note** make a suggestion（提案する）を使って切りだしましょう。このあと次のように具体的な内容を伝えます。I believe we should lower our prices.（価格を下げるべきだと思います）

## Let me present **my latest findings**.

私の最新の研究成果を聞いてください。

**Note** とても直接的で好感をもたれる言い方です。my latest findings は「私が最近みつけたこと」つまり「最新の研究成果」を示します。share を使った表現も覚えておきましょう。I'd like to share my ideas with you.（あなたに私のアイデアを聞いていただきたい）

## **Since everyone is here today**, I would like to show you my new design.

皆さんにお集まりいただきましたので、新しいデザインを披露させていただきます。

**Note** Since には「～なので」という使い方があります。because と近いですが、直接的な因果関係を示す必要がある because に対して、since はそれを必要としません。

## シーン 65
## 論点を切り出す

> Well, what do you think?

### そのとき君なら何て言う？

自分の提案に対して、
相手の意向を確かめる。
「いかが思われますか？」

**ポイント ▶** 一番シンプルな表現で

ひとしきり雑談が終わった…
最初に論点を切り出す。
「コストの問題から始めましょう」

**ポイント ▶** running cost（運営・事業コスト）を使う

いよいよ交渉開始。でもその前に、
今日ディスカッションする論点を
ざっと確認しましょう、と言う。

**ポイント ▶** Before で始める

UNIT 10 交渉

**会話のカギ**　提案をしたら、相手がどんなふうに受け止めたかを確認します。issue（課題）、agenda（議題）という基本語はマスターしておきましょう。

## 今日のぴったりフレーズ　CD-76

### Well, **what do you think**?

さて、どう思われますか？

> **Note** シンプルな表現で十分伝わります。司会者が Comments anyone?（いかがですか？）と促してもいいでしょう。

### **The most pressing issue** is the running cost.

もっとも喫緊の課題は運営費です。

> **Note** The most pressing issue（もっとも喫緊の課題）は…と切りだすのはインパクトがあって、会議が締まります。

### **Before** we start, please take a look at the agenda.

はじめる前に議題をざっと確認してください。

> **Note** このような状況では take a look（ざっと見ておく）が使いやすいでしょう。

# シーン 66

## 難しい要求に対して

That's quite a request.

### そのとき君なら何て言う?

先方から無理な要求…

**ポイント ▶** かなり（無茶な）、を英語で言うと…

先方から無理な要求…
できないと伝えるには

**ポイント ▶** we can't（できない）の前に何を付ける?

難しい要求に返答をにごしたい…

**ポイント ▶** そう簡単にはいかない、と言うには…

UNIT 10　交渉

> **会話のカギ**　相手が無理な要求をしてくることもあるでしょう。断るときの定番フレーズは I'm afraid 〜（残念ながら〜）です。

## 今日のぴったりフレーズ　CD-77

### That's **quite a request**.

難しい要求ですね。

**Note**　なかなか実現しそうにない案件の場合、Let me sleep over it.（一晩考えさせて）という言い方もできます。

### **I'm afraid** we can't.

残念ですが、できません。

**Note**　「できるかどうか分からない」と言いたい場合は I'm not sure that's doable. や意外なシチュエーションの場合は I was not expecting that. などが使えます。

### It's not that **simple**.

そんな簡単なことではありません。

**Note**　「（難しい案件なので）簡単にはできない」を伝える表現。I や We ではなく、It's ではじめるところがポイント。

## シーン 67

## 相手のオファーが気に入ったとき

There are two conditions.

**そのとき君なら何て言う？**

相手のオファーがなかなかいい！

**ポイント▶** その話乗った、を2語で

相手のオファーがなかなかいい！
「それは一つの選択肢として
前向きに検討したい」

**ポイント▶** 心ひかれるオファーです、と言う

相手のオファーがなかなかいい！
条件付きなら賛同してもいいとき…

**ポイント▶** 条件、を英語で言うと…

UNIT 10 交渉

**会話のカギ** 相手の提案に興味を持ったときのシンプルな表現を紹介します。I'm in ～（～の仲間に入った）、enticing（興味をそそる）がキーワード。

## 今日のぴったりフレーズ　CD-78

### I'm **in**. Let's do it!

その話乗った。すぐにやりましょう！

**Note** I'm in. を直訳してしまうと「わたしは中にいます」となりますが、これはみんなで何かしようと計画を立てたりしたときに、「やろうやろう！」「その話乗った！」「私もやる！」という感じで使います。Sounds good.（いいね）でも OK。

### That is **an enticing offer**.

それは心ひかれるお話です。

**Note** enticing は「心をそそる、魅惑的な」という意味の形容詞です。さらに I'd like to negotiate further with you.（もっとあなたとお話ししたいですね）という言い方も GOOD です。

### There are **two conditions**.

条件が２つあります。

**Note** condition というと「体調」がパッと思い浮かぶ方が多いと思いますが、しごと英語では「条件」という意味でもよく使います。

185

## シーン 68

## 相手のオファーがいまいち…

> I don't think it's going to work out.

### そのとき君なら何て言う?

やんわり断る
「お互いあまり満足いく結果には
ならないでしょう」

**ポイント ▶** I don't think 〜で切りだす

やんわり断る
「残念ですが、ちょっと難しいです」

**ポイント ▶** まず感謝、それから断る

やんわり断る
「あいにく他社さんのほうが
当社にメリットがあり…」

**ポイント ▶** 比較すると他社のほうが「条件のよいオファー」を英語にすると…

## UNIT 10 交渉

**会話のカギ**　ぜひ work out（うまくいく）というキーワードを覚えてください。うまくいく、うまくいかない、どちらを言いたいときにも活躍します。

### 今日のぴったりフレーズ　CD-79

### I don't think it's going to **work out** at this time.

今回はうまくいくように思えません。

**Note**　「うまくいく」を表現する work out を使うとしっくりくるシーンです。

### Thank you for your offer but **that will not do**.

お話ありがとう、でもできません。

**Note**　ここでの that は、オファーした相手の話のことです。それが will not do（機能しない）、つまり「できません」という断りとして伝えています。

### We've gotten **a better offer** from another company.

他社からもっと良いオファーがあります。

**Note**　断っても理由が分からないと相手も引きさがってくれません。そんなときは他社のほうがいい条件だった等、具体的な事情を伝えると理解してもらえるでしょう。

シーン **69**

## その場で即答しづらいオファー

Let me think it over.

そのとき君なら何て言う?

少し時間がほしい、と言うには…

**ポイント** ▶ 考えるため、を英語で言うと…

社内に持ち帰り、確認します、と言うには…

**ポイント** ▶ 自分一人の判断で決めるわけではないとき

上司に相談する、と言うには…

**ポイント** ▶ 上司と話させて、と切り出すには…

## UNIT 10 交渉

> **会話のカギ**
> 即答できない案件は「考えさせて」と言って少し時間をもらっておくのが一番。Let me ~（~させて）、I'd like to ~（~したいのですが）が切り出しのカギ。

### 今日のぴったりフレーズ　CD-80

### Let me **think it over**.
少し考えさせてください。

**Note** think it over で「よく考える、熟考する」という意味があります。

### I'd like to **consult with** our headquarters.
本社に確認させてください。

**Note** consult with ~は「~と話し合う」「~に相談する」「~に助言を求める」という意味でよく使います。

### **Let me talk to** my boss first, and I'll get back to you.
上司と相談の上、折り返しお返事いたします。

**Note** こういう場合は「私に~させてください」の Let me ~を使ってシンプルに伝えるのが良いでしょう。「まずは」の意味の first もしごと英語では適宜使います。

## シーン70
## 商談がまとまる

> Would that be satisfactory to you?

### そのとき君なら何て言う?

> だいたい交渉がまとまった…
> 最後に相互に確認する

**ポイント** ▶ ご納得されましたか、を英語で言うと…

> 契約書の草案を作成することを
> 伝えたい…

**ポイント** ▶ 文書を作成する、は英語で何て言う?

> 無事に商談がまとまったら…

**ポイント** ▶ お礼の言葉+お仕事ご一緒できるのが嬉しい

## UNIT 10　交渉

**会話のカギ**　キーワードは satisfactory（満足）です。相互に満足できなければ交渉は決裂します。最後にきちんと相手の意思を確認しておきましょう。

### 今日のぴったりフレーズ　CD-81

## Would that **be satisfactory** to you?

これでよろしいでしょうか？

**Note**　satisfactory は「納得いく」という意味の形容詞です。ここではまだ相手に尋ねている段階なので、仮定の Would を使います。

## I'll **draw up** a draft of contract and send it to you.

それでは契約書草案を作成して、お送りします。

**Note**　契約書など文書や書類を「作成する」と言いたいときは draw up を使いますので、覚えておきましょう。

## Thank you, **it's a pleasure** doing business with you.

ありがとうございます。お仕事ご一緒できるのを楽しみにしています。

**Note**　取引成立のあいさつとして、この表現はとても良く使われます。相手にこれを言われた場合は、Same here.（こちらこそ）と答えましょう。

# しごとで よーく使う 英単語 225

ここでは本編の各 UNIT テーマにそって、「よく使う英単語&表現」を集めました。オフィスの身の回りのもの、会社の組織名、会議でよく出てくる言葉などを英語で何て言うのか迷ったら、この巻末特集を利用してください。

CD は「日本語→英語→英語」の順で収録されています。

## 【肩書き／役職】

| | | |
|---|---|---|
| ☐ | 最高経営責任者 | **Chief Executive Officer (CEO)**<br>※会長や社長を兼ねることが多い |
| ☐ | 最高執行責任者 | **Chief Operating Officer (COO)** |
| ☐ | 最高財務責任者 | **Chief Financial Officer (CFO)** |
| ☐ | 最高情報責任者 | **Chief Information Officer (CIO)** |
| ☐ | 最高技術責任者 | **Chief Technology Officer (CTO)** |
| ☐ | 執行役員 | **Executive Officer** |
| ☐ | 取締役会長 | **Chairperson**（=Chairman） |
| ☐ | 取締役副会長 | **Vice chairperson**（=Vice chairman） |
| ☐ | 取締役社長 | **President** |
| ☐ | 副社長 | **(Executive) Vice President** |
| ☐ | 専務取締役 | **Senior Managing Director**<br>（=Executive Managing Director） |
| ☐ | 常務取締役 | **Managing Director** |
| ☐ | 取締役 | **Director** |
| ☐ | 社外取締役 | **Outside Director** |
| ☐ | 監査役 | **Auditor** |

| | | |
|---|---|---|
| ☐ | 相談役（顧問） | **Senior Adviser** (=Executive Adviser) |
| ☐ | 顧問 | **Adviser** (=Corporate Adviser) |
| ☐ | 秘書 | **Secretary** |
| ☐ | 部長・本部長 | **General manager** |
| ☐ | 副部長 | **Deputy General Manager** (=Assistant General Manager) |
| ☐ | 次長（部長代理） | **Deputy General Manager** |
| ☐ | 担当部長 | **Acting General Manager** (=Senior Manager) |
| ☐ | 室長 | **Chief** |
| ☐ | 課長 | **Manager** (=Section Manager) |
| ☐ | 課長代理 | **Deputy Manager** (=Deputy Section Manager) |
| ☐ | 係長（主任） | **Chief Clerk** (=Section Chief) |
| ☐ | 店長 | **Store Manager** |
| ☐ | 社員（部員） | **Employee** (=staff / member) |
| ☐ | 派遣社員 | **Temporary employee** |
| ☐ | アルバイト（パート） | **Part-time worker** |

## 【部署】

- ☐ 室 — Office Section
- ☐ 部 — Department（=division）
- ☐ 課 — Section
- ☐ 係 — Team
- ☐ 経理部 — Accounting Department
- ☐ 営業部・販売部 — Sales Department
- ☐ 販売推進部 — Sales Promotion Department
- ☐ マーケティング部 — Marketing Department
- ☐ 宣伝部 — Advertising Department
- ☐ 広報部 — Public Relations Department
- ☐ 調査部 — Information & Research Department
- ☐ 法務部 — Legal Department
- ☐ 企画部 — Planning Department
- ☐ 企画開発部 — Planning & Development Department
- ☐ 総務部 — General Affairs Department

| | | |
|---|---|---|
| ☐ | 人事部 | **Human Resources Department** (=Personnel Department)<br>※ HR と省略されることが多い |
| ☐ | 経理部 | **Accounting Department** |
| ☐ | 海外事業部 | **Overseas Operation Department** |
| ☐ | 管理部 | **Administration Department** |
| ☐ | 顧客サービス部 | **Customer Service Department** |
| ☐ | 情報システム部 | **Information System Department** |
| ☐ | 研究開発部 | **Research and Development Department**<br>※ R&D と省略されることが多い |
| ☐ | 商品開発部 | **Product Development Department** |
| ☐ | 調達・資材部 | **Procurement Department** |
| ☐ | 技術部 | **Engineering Department** |
| ☐ | 製造部 | **Manufacturing Department** |
| ☐ | 本社・本店 | **Headquarters, head office** |
| ☐ | 支社・支店 | **Branch, branch office** |
| ☐ | 営業所 | **Sales office** |
| ☐ | 販売店 | **Distributor** (=dealer) |

| | | |
|---|---|---|
| ☐ | 工場 | **Factory** (=plant) |
| ☐ | 研究所 | **Research laboratory** |
| ☐ | 出張所 | **Satellite office** (=sub-branch) |
| ☐ | 組織図 | **Organization Chart** |
| ☐ | 海外支店 | **Overseas branches** |
| ☐ | 駐在員事務所 | **Representative offices** |
| ☐ | 関係会社 | **Affiliates** |

### 【上下関係】 CD-85

| | | |
|---|---|---|
| ☐ | 上司 | **boss (chief / supervisor)** |
| ☐ | 直属の上司 | **immediate boss** |
| ☐ | (地位などが) 上級の | **senior** |
| ☐ | 同僚 | **co-worker** (=colleague) |
| ☐ | 部下 | **subordinate** |
| ☐ | 経営陣 | **the management** |
| ☐ | 幹部 | **executive** |

## 【来客案内】

| | | |
|---|---|---|
| ☐ | 受付係 | **receptionist** |
| ☐ | 応接室 | **reception room** |
| ☐ | 入館許可証（来客証） | **visitor's pass** |
| ☐ | 来客用バッジ | **visitor's badge** |

## 【電話】

| | | |
|---|---|---|
| ☐ | 内線番号 | **extension number** |
| ☐ | 直通番号 | **direct number** |
| ☐ | 外線 | **outside line** |
| ☐ | 携帯電話 | **cell phone** (=moile / cellular phone) |
| ☐ | 固定電話 | **land-line phone** |

## 【日程の言い方】

| | | |
|---|---|---|
| ☐ | その次の週 | **the following week** |
| ☐ | 明後日 | **the day after tomorrow** |
| ☐ | 一昨日 | **the day before yesterday** |
| ☐ | 先々週 | **the week before last week** |
| ☐ | 再来週 | **the week after next week** |

| | | |
|---|---|---|
| ☐ | 半年 | **6 months** ※ a half year よりも 6 months が一般的 |

## 【事務用品】 CD-89

| | | |
|---|---|---|
| ☐ | 事務用品 | **office supplies** |
| ☐ | 文具 | **stationery** |
| ☐ | コピー機 | **photocopier** (copier / copy machine) |
| ☐ | メモ用紙 | **note pad** |
| ☐ | はさみ | **scissors** |
| ☐ | ホチキス | **stapler** |
| ☐ | ホチキスの針 | **staples** |
| ☐ | クリップ | **paper clip** |
| ☐ | 封筒 | **envelope** |
| ☐ | 付箋 | **Post-it**（=sticky）※ Post-it は商品名ですが、これをこのまま使うことが多い |
| ☐ | セロテープ | **Scotch tape** ※ Scotch tape も商品名です |
| ☐ | スティックのり | **glue stick** |
| ☐ | 修正液 | **white-out** |
| ☐ | 定規 | **ruler** |

| | | |
|---|---|---|
| ☐ | 蛍光ペン | highlight pen (=highlighter) |

## 【給与・手当など】 CD-90

| | | |
|---|---|---|
| ☐ | 給料 | salary (=payroll) |
| ☐ | 給料日 | payday |
| ☐ | 給与明細 | payslip |
| ☐ | 諸手当 | perks ※正確には perquisites (=fringe benefits) |
| ☐ | 年金 | pension |
| ☐ | 健康保険 | health insurance |
| ☐ | 退職金 | severance pay |
| ☐ | 退職金(定年) | retirement benefit |
| ☐ | 交通費 | traveling expenses |
| ☐ | ボーナス | bonus |
| ☐ | 福利厚生 | benefits package |
| ☐ | 報酬 | compensation (=reward) |

## 【会議のテーマ／資料など】 CD-91

| | | |
|---|---|---|
| ☐ | 価格設定 | pricing |

| |  |  |
|---|---|---|
| ☐ | 販売促進 | sales promotion |
| ☐ | 経費削減 | cutting costs |
| ☐ | 商品開発 | product development |
| ☐ | ボーナスキャンペーン | bonus campaign |
| ☐ | 販売戦略 | marketing strategy |
| ☐ | 配布資料 | handout |
| ☐ | 視覚資料 | visual aid |
| ☐ | 〜についての資料 | material on 〜 |
| ☐ | 予算 | budget |
| ☐ | 利益 | revenue (=profit) |
| ☐ | 諸経費 | overhead cost |
| ☐ | 顧客 | customer |
| ☐ | 顧客（得意先・取引先） | client |
| ☐ | 大切なお客様 | valued customer (=important custome) |
| ☐ | 消費者 | consumer |
| ☐ | 概要 | outline |

| | | |
|---|---|---|
| ☐ | 要約 | **summary** |
| ☐ | 議事録 | **minutes** |
| ☐ | 議題 | **agenda** |
| ☐ | （会議中の）軽食 | **refreshments** |
| ☐ | テレビ会議 | **video conferencing** |
| ☐ | デモンストレーション（実演） | **demonstration** |
| ☐ | 数字 | **figure** |
| ☐ | 表 | **table** |
| ☐ | 図表 | **diagram, chart** |
| ☐ | 棒グラフ | **bar chart** |
| ☐ | 線グラフ | **line chart** |
| ☐ | 円グラフ | **pie chart** |
| ☐ | 実線 | **solid line** |
| ☐ | 点線 | **dotted line** |
| ☐ | 縦軸 | **vertical axis** |

| | | |
|---|---|---|
| ☐ | 横軸 | **horizontal axis** |
| ☐ | 質疑応答の時間 | **question-and-answer session** |

## 【商品の特徴／販促】 CD-92

| | | |
|---|---|---|
| ☐ | 商品 | **product**（=goods / merchandise） |
| ☐ | 機能 | **function** |
| ☐ | 特徴（特性） | **feature** |
| ☐ | 最新の製品 | **the latest product**<br>(=the newest product) |
| ☐ | 最新型 | **the latest model** |
| ☐ | 限定品 | **limited-production model** |
| ☐ | 高性能モデル | **high-end model** |
| ☐ | 特価（激安価格） | **fire-sale price (steep discount)** |
| ☐ | アフターサービス | **after-sales service** |
| ☐ | 高級志向の消費者 | **high-end consumer** |
| ☐ | 品質保証付きの製品 | **quality-guaranteed product** |
| ☐ | 最新の価格表 | **latest price list** |
| ☐ | カタログ | **catalog** |

| | | |
|---|---|---|
| ☐ | パンフレット | **brochure** (=pamphlet / booklet) |
| ☐ | チラシ | **leaflet** (=flyer) |
| ☐ | 無料サンプル | **free sample** |
| ☐ | （販売促進用の）景品 | **giveaway** |
| ☐ | お試しキャンペーン | **trial campaign** |
| ☐ | 競合相手 | **competitor** |
| ☐ | 販売促進 | **promotion** |
| ☐ | 広告 | **advertising** |
| ☐ | マーケティング | **marketing** |
| ☐ | 広報 | **PR** ※ public relations の略 |
| ☐ | ブランド | **brand** |
| ☐ | 市場占有率 | **market share** |
| ☐ | 供給業者 | **supplier** |
| ☐ | 小売業者 | **retailer** |
| ☐ | 販売代理店 | **distributor** |
| ☐ | 歩合（手数料） | **commission** |

| | | |
|---|---|---|
| ☐ | 戦略 | **strategy** |
| ☐ | 価格設定 | **pricing** |
| ☐ | 口コミ | **word of mouth** |
| ☐ | コマーシャル | **commercial** |
| ☐ | アンケート | **questionnaire** |
| ☐ | 折り込み広告 | **insert** |
| ☐ | 顧客満足度 | **customer satisfaction** |
| ☐ | 手ごろな価格 | **reasonable price** |
| ☐ | 売れ行きトップ企業 | **market leader** |
| ☐ | (〜からの) 意見、反応 | **feedback** ※ feedback from our customers（お客様からのご意見） |
| ☐ | 提携 | **alliance** |
| ☐ | 注目 | **exposure** ※ media exposure（マスコミによる注目） |
| ☐ | キャンペーン | **campaign** |
| ☐ | ジャンクメール | **junk mail** ※宣伝用の郵便物のこと |
| ☐ | キャッチフレーズ | **slogan** |
| ☐ | 試作品 | **prototype** |

## 【契約／価格／請求】

| |  |  |
|---|---|---|
| ☐ | 契約書 | contract |
| ☐ | 仮契約書 | temporary contract |
| ☐ | 正式契約書 | formal contract |
| ☐ | 草案 | draft |
| ☐ | 見積り | quotation (=estimate) |
| ☐ | 定価 | regular price (=fixed price / list price) |
| ☐ | 単価 | unit price |
| ☐ | 消費税 | consumption sales tax |
| ☐ | 割引率 | discount rate |
| ☐ | 締切（日） | due date (=deadline) |
| ☐ | 取引条件 | terms and conditions (=terms of business) |
| ☐ | 支払い条件 | terms of payment |
| ☐ | 在庫切れ | out of stock ※「在庫あり」は in stock |
| ☐ | 請求書（納品書） | invoice |
| ☐ | 支払期日を過ぎた請求書 | overdue bill |

## 【人事】

| | | |
|---|---|---|
| ☐ | 志願者 | **candidate** |
| ☐ | 応募者 | **applicant** |
| ☐ | 面接 | **interview** |
| ☐ | 経歴 | **background** |
| ☐ | 通勤者 | **commuter** |
| ☐ | 残業 | **overtime** |
| ☐ | 履歴書 | **résumé** |
| ☐ | 休み | **leave**　※ sick leave（病欠） |
| ☐ | 懲戒 | **discipline** |
| ☐ | 人件費 | **labor costs** |
| ☐ | 実地研修 | **hands-on training** |
| ☐ | 肩書き | **title** |
| ☐ | 交代勤務時間 | **shift** |
| ☐ | 人事考課 | **performance assessment** |
| ☐ | 欠員 | **opening**　※ an opening in the accounting department（経理部の欠員） |

●著者紹介

## リサ・ヴォート　Lisa Vogt

アメリカ・ワシントン州生まれ。メリーランド州立大学で日本研究準学士、経営学学士を、テンプル大学大学院にてTESOL（英語教育学）修士を修める。専門は英語教育、応用言語学。2007年から2010年までNHKラジオ「英語ものしり倶楽部」講師を務める。現在、明治大学特任教授、青山学院大学講師、異文化コミュニケーターとして、新聞・雑誌のエッセイ執筆など幅広く活躍。一方、写真家として世界6大陸50カ国を旅する。最北地は北極圏でのシロクマ撮影でBBC賞受賞。最南地は南極大陸でのペンギン撮影。著書『魔法の英語なめらか口づくり』『魔法の英語 耳づくり』『魔法のリスニング』『もっと魔法のリスニング』『超一流の英会話』（Jリサーチ出版）ほか多数。NHKラジオ「実践ビジネス英語」テキストでコラム連載中。

| | |
|---|---|
| カバーデザイン | 滝デザイン事務所 |
| カバーイラスト | みうらもも |
| 本文デザイン／DTP | 江口うり子（アレピエ） |
| 本文イラスト | 田中斉 |
| 音声録音・編集 | 財団法人　英語教育協議会（ELEC） |
| CD制作 | 高速録音株式会社 |

## ゼロからスタート　しごとの英会話

平成26年（2014年）5月10日　初版第1刷発行

| | |
|---|---|
| 著　者 | リサ・ヴォート |
| 発行人 | 福田富与 |
| 発行所 | 有限会社　Jリサーチ出版 |
| | 〒166-0002　東京都杉並区高円寺北2-29-14-705 |
| | 電話 03(6808)8801（代）　FAX 03(5364)5310 |
| | 編集部 03(6808)8806 |
| | http://www.jresearch.co.jp |
| 印刷所 | 株式会社　シナノ パブリッシング プレス |

ISBN978-4-86392-184-9　　禁無断転載。なお、乱丁・落丁はお取り替えいたします。

© 2014 Lisa Vogt, All rights reserved.